सैनिक और स्वास्थ्य

सचिन चंद्रकुमार नरवडिया

यह पुस्तक समर्पित हैं...

मेरे देश के उन जवानो के नाम जिन्होंने देश की रक्षा में अपना बलिदान दिया|

क्रम-सूची

प्रस्तावना

श्री सचिन नरवडिया जी की पुस्तक "सैनिक और स्वास्थ्य" की प्रस्तावना प्रेषित करते हुए मुझे अत्यंत हर्ष एवम गर्व हो रहा हैं । जैसा की हम सब जानते हैं की बीमारी के लिए उपचार से ज्यादा रोकथाम हमेशा बेहतर हैं इसलिए हमें बीमारियों के रोकथाम पर ज्यादा ध्यान देना हैं न की बिमारी होने की राह देखना | सेना का स्वास्थ्य सैनिकों के स्वास्थ्य पर निर्भर करता हैं। युद्ध के समय स्वस्थ सैनिकों की संख्या ही आधी जीत सुनिश्चित कर देती हैं इसलिए स्वास्थ्य एक महत्वपूर्ण विषय है जिसे ध्यान में रखकर यह पुस्तक प्रस्तुत है | डीआरडीओ की जीवन विज्ञान प्रयोगशालाएं भारतीय सशस्त्र बलों की परिचालन दक्षता की रक्षा और बढ़ाने के लिए प्रक्रियाओं, उत्पादों और प्रौद्योगिकियों और प्रभावी रणनीतियों को विकसित करने के उद्देश्य से अनुसंधान एवं विकास में लगी हुई हैं। रक्षा अनुसंधान और विकास संगठन (डीआरडीओ) में जीवन विज्ञान प्रयोगशालाओं का अधिदेश मानव-गहन लड़ाकू बल के प्रदर्शन को अनुकूल करना, विभिन्न हथियार विकास कार्यक्रमों में सैनिक-प्रणाली का निर्माण करना और अद्वितीय परिचालन आवश्यकताओं को पूरा करने में उनकी मदद करना है। पारंपरिक और गैर-पारंपरिक युद्ध स्थितियों में प्रयोगशालाओं की अनुसंधान एवं विकास गतिविधियां उपयुक्त मानव पूंजी की भर्ती, चयन और विकास, अत्यधिक और जहरीले/घातक वातावरण से बचाव के लिए जटिल जीवन समर्थन प्रणालियों और प्रौद्योगिकियों के विकास, युद्धपोत के स्वास्थ्य और कल्याण को बढ़ावा देने और सामरिक विकास के महत्व पर केंद्रित हैं। अनुसंधान के क्षेत्र में सुरक्षात्मक उपकरण और कपड़े, शारीरिक-मनोवैज्ञानिक पहलू, परमाणु, जैविक और रासायनिक (एनबीसी) युद्ध के खिलाफ सुरक्षा और उच्च ऊंचाई पर सैनिकों की ताजा भोजन की आवश्यकता को पूरा करने के लिए उच्च ऊंचाई वाले कृषि-पशु प्रौद्योगिकियों को शामिल किया गया है, जो आपातकालीन ईंधन के रूप में बायोएनर्जी का दोहन

करते हैं। उच्च ऊंचाई वाले युद्धक्षेत्र संचालन के लिए तत्काल भोजन आवश्यकताओं को पूरा करते है। डीआरडीओ की नौ प्रयोगशालाओं के जीवन विज्ञान समूह ने ऊंचाई, ठंड, रेगिस्तान, पानी के नीचे, हवा, अंतरिक्ष और कम तीव्रता वाले संघर्ष क्षेत्रों में तैनात सैनिकों के स्वास्थ्य और प्रदर्शन में सुधार के लिए महत्वपूर्ण योगदान दिया है। विभिन्न प्रयोगशालाओं ने कृषि और खाद्य प्रौद्योगिकी में अत्यधिक ऊंचाई, अंतरिक्ष आदि जैसे प्रतिकूल वातावरण के लिए अत्यधिक प्रगति की है। इसके अलावा, ये प्रयोगशालाएं रासायनिक, जैविक, रेडियोलॉजिकल का पता लगाने, परिशोधन और सुरक्षा के लिए प्रौद्योगिकियों के विकास में भी लगी हुई हैं। परमाणु (सीबीआरएन) खतरे, विभिन्न प्रयोगशालाओं और प्रायोजित परियोजनाओं में अनुसंधान बायोमेडिकल, खाद्य और उच्च ऊंचाई वाले कृषि-पशु और बायोएनर्जी अनुसंधान से लेकर क्षेत्रों की एक पूरी श्रृंखला को कवर करता है। हर्बल प्रौद्योगिकियों का विकास अनुसंधान का एक महत्वपूर्ण क्षेत्र है जहां डीआरडीओ में ध्यान केंद्रित किया जा रहा है। भारत में विभिन्न चिकित्सा प्रणालियों की समृद्ध परंपराओं के प्रसार को ध्यान में रखते हुए, जिन्हें हजारों वर्षों की अवधि में आजमाया, परीक्षण किया गया और साबित किया गया इतने लंबे समय तक शायद ही कोई अन्य चिकित्सा पद्धति समय की कसौटी पर खरी उतरी हो। इस पुस्तक में रक्षा अनुसंधान और विकास संगठन (डीआरडीओ) के कार्यों का उल्लेख हैं जो पुस्तक को और ज्यादा उपयोगी बनाती हैं ।

डा राजीव विज

(री.टा.)वैज्ञानिक जी /एसोसिएट डायरेक्टर

DESIDOC, DRDO

नयी दिल्ली 110054

प्रस्तावना

डा राजीव विज

भूमिका

हमारे देश की रक्षा में जवान सदा तैनात रहते हैं। उनके सीमा पर तैनात रहने से ही हम सुरक्षित नींद ले पाते हैं। लगातार अपने घर से दूर इन सैनिकों को कई सारे चुनौती भरे माहौल में अपनी ड्यूटी निभानी होती हैं। इसके कारण उनमें कुछ बीमारियाँ पनपती हैं और वे कम समय में ही रिटायर किये जाते हैं। यह पुस्तक उन सैनिकों के स्वास्थ्य की समस्याओं के संदर्भ में हैं। स्वस्थ सैनिक ही देश की रीढ़ की हड्डी हैं और उनके स्वास्थ्य को हमें मजबूती प्रदान करना हैं सामाजिक स्वास्थ्य में कार्य करते हुए यह इस ज्वलंत मुद्दे पर पुस्तक लिखना मेरे लिए गर्व का विषय हैं। आज हमें व्यवसाय जनित रोग की समझ रखना होगा ताकि हम उसके निवारण हेतु कार्य कर सके। जैसा की बीमारी की लिए ये सर्व विदित हैं की उपचार से रोकथाम हमेशा बेहतर हैं इसलिए हमें बीमारियों के रोकथाम पर ज्यादा ध्यान देना हैं न की बीमारी होने की राह देखना हैं । सेना का स्वास्थ्य सैनिकों के स्वास्थ्य पर निर्भर करता हैं युद्ध के समय स्वस्थ सैनिकों की संख्या ही आधी जीत सुनिश्चित कर देती हैं इसलिए स्वास्थ्य एक महत्त्वपूर्ण विषय हैं जिसे ध्यान में रखकर यह पुस्तक प्रस्तुत हैं। व्यवसाय जनित रोग उनके निवारण या रोकथाम को सरल भाषा में उपलब्ध कराने का यह प्रयास सैनिकों को स्वास्थ्य के जागृत करते हुए बीमारियों के रोकथाम के लिए प्रेरित करना हैं। कोरोना के बाद हर कोई अपने स्वास्थ्य के लिए जागरूक हैं और हमारी सरकार भी स्वास्थ्य क्षेत्र में अग्रणी कार्य के लिए योजना बना रही हैं इस सन्दर्भ में यह ज़रूरी हैं की हम सैनिकों के स्वास्थ्य के लिए सही योजना बनाकर अमल में लाये जिससे देश के लाखों सैनिक लाभान्वित हो सके। उम्मीद, पॉजिटिव सोच भी बीमारी को आने से रोकने में अच्छी भूमिका निभाती हैं, कई बार देखा गया हैं डॉक्टर हार मान लेता हैं पर मरीज अपने विचारों की शक्ति से बीमारियों को मात दे देता हैं इसलिए कार्य स्थल पर तनाव रहित वातावरण उपलब्ध करवा कर, योग प्राणायाम को अपनाकर, पोषक भोजन सैनिकों को उपलब्ध

करवाकर हम उनके स्वास्थ्य का संवर्धन कर सकते हैं। ऊँचे पहाड़ों पर, गहरे समुद्र में, रेगिस्तान में, बर्फ़बारी जैसे हर चुनौती भरे माहौल में सैनिक का सशक्त रहना सबसे महत्त्वपूर्ण हैं इसके लिए वातावरण अनुरूप वस्त्र, भोजन, दवाइयां आदी की सुलभता चाहिए। आइये मेरे साथ इस ज्ञान वर्धक पुस्तक का आनंद ले यह पुस्तक आपको रोचक तरीके से जानकारी उपलब्ध करवाएगी जो नीरस ना लगे। साथ ही ज्ञान वर्धन करें। आशा हैं मैं अपने इस प्रयास में सफल रहूँगा और सेना के लिए मेरा योगदान लाभकारी होगा ।

जय हिंद ।

सचिन नरवडिया - लेखक

मेरे लिये "सैनिक एवं स्वास्थय" का हिस्सा बनना सौभाग्य की बात है| यह किताब भारतीय सेना को समर्पित है और मुझे अपने सैनिको के स्वास्थय से सम्बंधित कुछ लिखने का अवसर मिला उसके लिए में खुद को गौरान्वित महसूस करती हूँ| इस किताब के माध्यम से सैनिको के स्वास्थय सम्बन्धी तथ्यों को बताया गया है तथा कोशिश की गयी है कि हमारे सभी सैनिक अपने स्वास्थय के प्रति भी उतना ही जागरूक रहें जितना वे अपने कर्त्तव्य का पालन करते हैं| इस किताब में विभिन्न प्रकार के रोगों के बारे में तथा उनके निदान व उपचार को सरल भाषा में बताने की कोशिश की गयी है| आशा करती हूँ कि आपको यह किताब जो कि रोगों व स्वास्थय से सम्बंधित है, आप सभी के लिए मददगार साबित हो|

जय हिन्द

नेहा सुथार -सह लेखिका

मानसिक या भावनात्मक स्वास्थ्य आपके समग्र मनोवैज्ञानिक को दर्शाता है| हाल चाल: इसमें आप अपने बारे में कैसा महसूस करते हैं, शामिल हो सकते हैं, आपके रिश्तों की गुणवत्ता और आपको प्रबंधित करने की आपकी क्षमता भावनाओं और कठिनाइयों से निपटने की आवश्यकता हैं । मानसिक स्वास्थ्य और शारीरिक स्वास्थ्य का आपस में गहरा संबंध है। मानसिक स्वास्थ्य अच्छा बनाए रखने की आपकी क्षमता में एक प्रमुख भूमिका निभाता है शारीरिक स्वास्थ्य। मानसिक

रोग, जैसे अवसाद और चिंता, स्वस्थ व्यवहार में भाग लेने की आपकी क्षमता को प्रभावित करती है। इसके परिणामस्वरूप शारीरिक स्वास्थ्य संबंधी समस्याएं हो सकती हैं, जैसे कि क्रोनिक रोग, और इसमें भाग लेने के लिए एक व्यक्ति की क्षमता को कम कर सकते हैं उपचार और वसूली। मानसिक स्वास्थ्य के मुद्दों के कई अलग-अलग लक्षण हो सकते हैं, ठीक वैसे ही जैसे शारीरिक स्वास्थ्य के मुद्दे। प्रश्न पूछे जा सकते हैं और मानसिक स्वास्थ्य का आकलन करने में मदद के लिए परीक्षण किए जा सकते हैं, जैसे कि शारीरिक स्वास्थ्य। शारीरिक समस्याओं के लिए ज्यादातर लोग डॉक्टर के पास जाते हैं और उनका रक्तचाप, तापमान और वजन मापा जाता हैं । जाँच के लिए रक्त में कोलेस्ट्रॉल, रक्त शर्करा, थायराइड, लौह स्तर, इलेक्ट्रोलाइट्स के साथ और अन्य जांच की जाती हैं । हालांकि, अधिकांश लोग मानसिक स्वास्थ्य पेशेवर के पास मानसिक स्वास्थ्य परीक्षा के लिए नहीं जाते हैं। इस पुस्तक के लिए बहुत अच्छा लग रहा है|

डा ज्योत्सना सिंग

1

स्वास्थ्य और व्यावसायिक रोग

एक "व्यावसायिक रोग" कोई भी पुरानी बीमारी है जो मुख्य रूप से कार्य गतिविधि से उत्पन्न होने वाले जोखिम कारकों के संपर्क में आने के परिणामस्वरूप होती है। "काम से संबंधित बीमारियों" के कई कारण हैं, जहां काम के माहौल में कारक ऐसी बीमारियों के विकास में अन्य जोखिम कारकों के साथ-साथ एक भूमिका निभा सकते हैं। एक व्यावसायिक बीमारी की पहचान आमतौर पर तब की जाती है जब यह दिखाया जाता है कि यह सामान्य आबादी की तुलना में श्रमिकों के किसी दिए गए शरीर में, या अन्य श्रमिक आबादी में अधिक प्रचलित है। व्यावसायिक रोग हो सकते हैं: जैविक एजेंट - बैक्टीरिया, वायरस, कवक, परजीवी, कीड़े, पौधे, पक्षी, पशु, मनुष्य, आदि। रासायनिक एजेंट - बेरिलियम, लेड, बेंजीन, आइसोसायनेट्स, आदि। एर्गोनोमिक मुद्दे - दोहरावदार आंदोलन, कार्य केंद्र की अनुचित स्थापना, खराब रोशनी, उपकरणों का खराब डिजाइन, आदि। भौतिक एजेंट - आयनीकरण और गैर-आयनीकरण विकिरण, चुंबकीय क्षेत्र, दबाव चरम (उच्च दबाव या वैक्यूम), अत्यधिक तापमान, शोर, कंपन, आदि। मनोसामाजिक मुद्दे - तनाव, हिंसा, धमकाना, उत्पीड़न, मान्यता की कमी आदि। शरीर में प्रवेश करने वाले जोखिम या खुराक की मात्रा एक्सपोजर की

अवधि या लंबाई शरीर में प्रवेश का मार्ग रसायन की विषाक्तता शरीर से निकालना, जैविक भिन्नता (व्यक्तिगत संवेदनशीलता) बातचीत के प्रभाव, जैसे सहक्रियावाद (जैसे, धूम्रपान, शराब का उपयोग, अन्य रसायनों के संपर्क में)। खतरनाक एजेंट का एक्सपोजर केवल एक बार या केवल बहुत कम मात्रा में हो सकता है, या एक्सपोजर दैनिक और/या बहुत बड़ी मात्रा में हो सकता है। काम पर हफ्तों या वर्षों की संख्या जोखिम की डिग्री का अनुमान प्रदान कर सकती है। सामान्य तौर पर, जोखिम (अवधि और/या राशि) जितना अधिक होगा, स्वास्थ्य प्रभाव विकसित होने का जोखिम उतना ही अधिक होगा। त्वचा रोग: व्यावसायिक त्वचा रोगों को कई देशों में शीर्ष पांच व्यावसायिक रोगों में स्थान दिया गया है। व्यावसायिक त्वचा रोग और स्थितियां आमतौर पर रसायनों और काम के दौरान लंबे समय तक गीले हाथ रखने के कारण होती हैं। एक्जिमा अब तक सबसे आम है, लेकिन पित्ती, सनबर्न और त्वचा कैंसर भी चिंता का विषय है। जलन के कारण संपर्क जिल्द की सूजन त्वचा की सूजन है जो एक अड़चन के संपर्क के परिणामस्वरूप होती है। यह देखा गया है कि इस प्रकार के जिल्द की सूजन के लिए प्रतिरक्षा प्रणाली के पूर्व संवेदीकरण की आवश्यकता नहीं होती है। इस बात का समर्थन करने के लिए अध्ययन किए गए हैं कि अतीत या वर्तमान एटोपिक जिल्द की सूजन इस प्रकार के जिल्द की सूजन के लिए एक जोखिम कारक है। आम अड़चन में डिटर्जेंट, एसिड, क्षार, तेल, कार्बनिक सॉल्वैंट्स और कम करने वाले एजेंट शामिल हैं। इस जिल्द की सूजन का तीव्र रूप त्वचा के एक मजबूत अड़चन या कास्टिक रसायन के संपर्क में आने पर विकसित होता है। यह जोखिम कार्यस्थल पर दुर्घटना के परिणामस्वरूप हो सकता है। अड़चन के संपर्क में आने के कुछ ही मिनटों से घंटों के भीतर अड़चन प्रतिक्रिया अपनी तीव्रता में बढ़ने लगती है और जल्दी से अपने चरम पर पहुंच जाती है। प्रतिक्रिया अपने चरम स्तर पर पहुंचने के बाद, यह ठीक होना शुरू हो जाता है। इस प्रक्रिया को decrescendo घटना के रूप में जाना जाता है। इस प्रकार के जिल्द की सूजन के लिए सबसे लगातार शक्तिशाली अड़चनें एसिड और क्षारीय समाधान हैं। लक्षणों में फफोले के गठन के साथ

त्वचा की लाली और सूजन शामिल है। जीर्ण रूप , लंबे समय तक कमजोर जलन के त्वचा के बार-बार संपर्क के परिणामस्वरूप होता है। संपर्क जिल्द की सूजन की नैदानिक अभिव्यक्तियाँ बाहरी कारकों जैसे पर्यावरणीय कारकों (यांत्रिक दबाव, तापमान और आर्द्रता) और व्यक्ति की पूर्वसूचक विशेषताओं (आयु, लिंग, जातीय मूल, पहले से मौजूद त्वचा रोग, एटोपिक त्वचा विकृति, और शारीरिक क्षेत्र) द्वारा संशोधित की जाती हैं। उजागर। एक अन्य व्यावसायिक त्वचा रोग दस्ताने से संबंधित हाथ पित्ती है। इसे स्वास्थ्य देखभाल कर्मचारियों के बीच एक व्यावसायिक समस्या के रूप में सूचित किया गया है। माना जाता है कि इस प्रकार के हाथ के पित्ती को बार-बार पहनने और दस्ताने हटाने के कारण होता है। प्रतिक्रिया दस्ताने में मौजूद लेटेक्स या नाइट्राइल के कारण होती है। श्वसन संबंधी बीमारियां: इसमें अस्थमा, फेफड़े की बीमारी और क्रॉनिक ऑब्सट्रक्टिव पल्मोनरी डिजीज (COPD) शामिल हो सकते हैं। OHCOW के अनुसार, कनाडा में अस्थमा को सबसे आम व्यावसायिक फेफड़ों की बीमारी माना जाता है। इसके अलावा, OHCOW का कहना है कि कार्यस्थल में 300 से अधिक रसायन हैं जो अस्थमा का कारण बनते हैं, यह बीमारी ऑटो पार्ट्स, फोम और प्लास्टिक निर्माण उद्योगों में सबसे अधिक प्रचलित है। ILO काम से संबंधित अस्थमा को संवेदनशील एजेंटों या अड़चन के कारण होने वाले अस्थमा के रूप में सूचीबद्ध करता है। मस्कुलोस्केलेटल डिसऑर्डर मस्कुलोस्केलेटल डिसऑर्डर (MSDs): MSD अधिकांश कार्यस्थलों में, यहां तक कि कार्यालय की सेटिंग में भी प्रचलित हैं। वास्तव में, कार्यालय के कर्मचारियों को कार्पल टनल सिंड्रोम या टेंडोनाइटिस जैसे दोहरावदार तनाव चोटों (आरएसआई) का खतरा हो सकता है। EU-OSHA का कहना है कि अधिकांश कार्य-संबंधी MSDs समय के साथ विकसित होते हैं और दोहराए जाने वाले आंदोलनों, अजीब स्थिति, भार को संभालने, उच्च कार्य मांगों, ब्रेक की कमी आदि के कारण हो सकते हैं। वर्कप्लेस सेफ्टी एंड प्रिवेंशन सर्विसेज (डब्ल्यूएसपीएस) के मुताबिक, काम से जुड़ी सभी चोटों में एमएसडी की हिस्सेदारी 43 फीसदी है। लेड पॉइज़निंग: लेड पॉइज़निंग किसी के लिए भी एक बड़ा जोखिम हो

सकता है, जिसने ऐसे व्यवसाय में समय बिताया है जो लेड से संबंधित है और कई व्यावसायिक बीमारियों की ओर ले जाता है। इनमें से कुछ नौकरियों में शिपबिल्डिंग, लेड स्मेल्टिंग, पॉटरी ग्लेज़िंग, स्ट्रिपिंग पेंट या प्लंबिंग शामिल हैं। सीसे की धूल में सांस लेने से बांझपन, गुर्दे की बीमारी और मस्तिष्क क्षति जैसी गंभीर स्वास्थ्य समस्याएं हो सकती हैं। यदि आप सीसा को अवशोषित करते हैं, तो यह आपकी हड्डियों में इकट्ठा होने से पहले रक्तप्रवाह में परिचालित होता है। जिन श्रमिकों ने सीसा अवशोषित कर लिया है, वे किसी भी लक्षण के होने से कई साल पहले जा सकते हैं। इसके लक्षण मतली, वजन घटना, याददाश्त संबंधी समस्याएं और/या पेट दर्द हैं। सीसा विषाक्तता को कैसे रोकें हम न केवल सांस लेने के माध्यम से सीसा को अवशोषित कर सकते हैं, हम इसे पीने, खाने, धूम्रपान करने या अपने नाखूनों को काटने से निगल सकते हैं। यह सुनिश्चित करना महत्वपूर्ण है कि आप सीसे के साथ काम करने वाले किसी भी व्यक्ति के लिए एक निर्दिष्ट भोजन क्षेत्र प्रदान करें और यह सुनिश्चित करें कि वे खाने से पहले अपने हाथ ठीक से धो लें। आप नियमित रूप से जोखिम मूल्यांकन और उपकरण रखरखाव करके अपने कर्मचारियों के लिए सीसा के जोखिम को नियंत्रित कर सकते हैं। सीसा विषाक्तता को रोकने के लिए अपने कर्मचारियों को प्रशिक्षित करें। ऐसा करने से आपके कर्मचारियों के लिए इस व्यावसायिक रोग के जोखिम को कम किया जा सकता है। यह सुनिश्चित करना महत्वपूर्ण है कि उनका कार्य वातावरण विशाल और अच्छी तरह हवादार हो। बहरापन NIOSH ने 2000 से 2008 तक अमेरिकी श्रमिकों के बीच एक अध्ययन किया, जिनके पास सामान्य आबादी की तुलना में अधिक व्यावसायिक शोर जोखिम था। उन्होंने पाया कि उनके सर्वेक्षण किए गए नमूने में से 18 प्रतिशत को बहरापन था। NIOSH का कहना है कि खनन, निर्माण और निर्माण उद्योगों में श्रमिकों को बेहतर श्रवण संरक्षण रणनीतियों की आवश्यकता है। आतिथ्य और स्वास्थ्य देखभाल सेटिंग्स में श्रवण हानि और श्रवण संबंधी समस्याएं भी एक समस्या हैं। कैंसरः काम पर सुरक्षा और स्वास्थ्य के लिए यूरोपीय एजेंसी का कहना है कि वैश्विक

कार्य-संबंधी मौतों का 24 प्रतिशत कैंसर के कारण होता है। व्यावसायिक कैंसर तब होता है जब कर्मचारी अपने कार्यस्थल में कार्सिनोजेनिक पदार्थों के संपर्क में होते हैं। कुछ पदार्थ विभिन्न कैंसर से जुड़े होते हैं, और कुछ कार्सिनोजेन्स कुछ उद्योगों में विशेष रूप से प्रचलित हो सकते हैं। अभ्रक से संबंधित रोग अब व्यावसायिक रोग की सबसे प्रसिद्ध घटनाओं में से कुछ हैं। इनमें फेफड़े का कैंसर, गैस्ट्रो-आंत्र कैंसर, स्वरयंत्र या ग्रसनी का कैंसर और मेसोथेलियोमा (एक कैंसर जो अधिकांश आंतरिक अंगों को कवर करने वाले ऊतक की पतली परत में होता है) जैसे कैंसर शामिल हैं। एस्बेस्टस एक्सपोजर कनाडा में व्यावसायिक मौत का नंबर एक कारण है। मेसोथेलियोमा सेंटर का कहना है कि 2016 में 445 कनाडाई लोगों में मेसोथेलियोमा का निदान किया गया था (प्रत्येक 100,000 कनाडाई लोगों में से लगभग 1.6)। कनाडा की मेसोथेलियोमा दर दुनिया में सबसे अधिक है। 2017 में, 490 कनाडाई मेसोथेलियोमा से मर गए। तनाव और मानसिक स्वास्थ्य विकार: कई स्रोत बताते हैं कि मानसिक स्वास्थ्य विकारों को कुछ संदर्भों में व्यावसायिक रोग भी माना जा सकता है। अभिघातज के बाद का तनाव विकार (PTSD) सबसे अधिक उद्धृत किया जाता है। PTSD सैन्य या कानून प्रवर्तन जैसे उच्च दबाव वाले कार्यस्थलों में श्रमिकों को प्रभावित कर सकता है। कैनेडियन मेंटल हेल्थ एसोसिएशन द्वारा प्रस्तुत 2013 के आंकड़ों के अनुसार, 8 प्रतिशत कनाडाई जो एक दर्दनाक घटना का अनुभव करते हैं, वे PTSD विकसित करते हैं। संक्रामक रोग: एनआईओएसएच का कहना है कि स्वास्थ्य कार्यकर्ता हेपेटाइटिस बी और सी, तपेदिक (टीबी) और यहां तक कि मानव इम्यूनोडिफीसिअन्सी वायरस (एचआईवी) जैसे संक्रामक रोगों के अनुबंध का जोखिम उठाते हैं। यह भी नोट करता है कि टीबी सामाजिक सेवाओं या सुधारात्मक सुविधाओं में काम करने वालों के लिए भी एक जोखिम है क्योंकि वे उच्च जोखिम वाली आबादी के लगातार संपर्क में हैं। यही हाल लैब कर्मियों का भी है। एनआईओएसएच का कहना है कि "रक्तजनित और वायुजनित रोगजनक 6 मिलियन यू.एस. स्वास्थ्य देखभाल कर्मियों के लिए जोखिम के एक महत्वपूर्ण वर्ग का

प्रतिनिधित्व करते हैं।" कार्पल टनल सिंड्रोम: बार-बार हाथ की गति और कलाई की अजीब स्थिति कार्पल टनल में नसों और टेंडन पर दबाव बढ़ा सकती है। किसी को भी कार्पल टनल सिंड्रोम होने का खतरा हो सकता है अगर वे हर दिन एक ही काम अपने हाथों से करते हैं। कैशियर, हेयरड्रेसर, और फ़ैक्टरी कर्मचारियों जैसे नौकरियों को इस व्यावसायिक बीमारी के विकसित होने का खतरा होता है यदि वे इसे रोकने के लिए सावधानी नहीं बरतते हैं। यह स्थिति किसी भी उम्र के व्यक्ति को प्रभावित कर सकती है। उंगलियों में झुनझुनी, मैनुअल निपुणता का नुकसान और कंधे में दर्द होने के लक्षण हैं। यह पीड़ित को काम पर सोने और अपने सामान्य कार्यों को करने से रोक सकता है।

"व्यावसायिक रोग" एक पुरानी बीमारी है जो मुख्य रूप से कार्य गतिविधि से उत्पन्न होने वाले जोखिम कारकों के संपर्क में आने के परिणामस्वरूप होती है। "काम से संबंधित बीमारियों" के कई कारण हैं, जहां काम के माहौल में कारक ऐसी बीमारियों के विकास में अन्य जोखिम कारकों के साथ-साथ एक भूमिका निभा सकते हैं।

एक व्यावसायिक बीमारी की पहचान आमतौर पर तब की जाती है जब यह दिखाया जाता है कि यह सामान्य आबादी की तुलना में श्रमिकों में या अन्य श्रमिक आबादी में अधिक प्रचलित है।

व्यावसायिक रोग हो सकते हैं:

जैविक एजेंट - बैक्टीरिया, वायरस, कवक, परजीवी, कीड़े, पौधे, पक्षी, पशु, मनुष्य, आदि।

रासायनिक एजेंट - बेरिलियम, लेड, बेंजीन, आइसोसायनेट्स, आदि।

एर्गोनोमिक मुद्दे - दोहरावदार आंदोलन, कार्य केंद्र की अनुचित स्थापना, खराब रोशनी, उपकरणों का खराब डिजाइन, आदि।

भौतिक एजेंट - आयनीकरण और गैर-आयनीकरण विकिरण, चुंबकीय क्षेत्र, दबाव चरम (उच्च दबाव या वैक्यूम), अत्यधिक तापमान, शोर, कंपन, आदि।

मनोसामाजिक मुद्दे - तनाव, हिंसा, धमकाना, उत्पीड़न, मान्यता की कमी आदि।

शरीर में प्रवेश करने वाले जोखिम या खुराक की मात्रा एक्सपोजर की अवधि या लंबाई शरीर में प्रवेश का मार्ग रसायन की विषाक्तता शरीर से निकालना, जैविक भिन्नता (व्यक्तिगत संवेदनशीलता) बातचीत के प्रभाव, जैसे सहक्रियावाद (जैसे, धूम्रपान, शराब का उपयोग, अन्य रसायनों के संपर्क में)।

खतरनाक एजेंट का एक्सपोजर केवल एक बार या केवल बहुत कम मात्रा में हो सकता है, या एक्सपोजर दैनिक और/या बहुत बड़ी मात्रा में हो सकता है। काम पर हफ्तों या वर्षों की संख्या जोखिम की डिग्री का अनुमान प्रदान कर सकती है। सामान्य तौर पर, जोखिम (अवधि और/या राशि) जितना अधिक होगा, स्वास्थ्य प्रभाव विकसित होने का जोखिम उतना ही अधिक होगा।

त्वचा रोग:

व्यावसायिक त्वचा रोगों को कई देशों में शीर्ष पांच व्यावसायिक रोगों में स्थान दिया गया है।

व्यावसायिक त्वचा रोग और स्थितियां आमतौर पर रसायनों और काम के दौरान लंबे समय तक गीले हाथ रखने के कारण होती हैं। एक्जिमा अब तक सबसे आम है, लेकिन पित्ती, सनबर्न और त्वचा कैंसर भी चिंता का विषय है।

जलन के कारण संपर्क जिल्द की सूजन त्वचा की सूजन है जो एक अड़चन के संपर्क के परिणामस्वरूप होती है। यह देखा गया है कि इस प्रकार के जिल्द की सूजन के लिए प्रतिरक्षा प्रणाली के पूर्व संवेदी करण की आवश्यकता नहीं होती है। इस बात का समर्थन करने के लिए अध्ययन किए गए हैं कि अतीत या वर्तमान एटोपिक जिल्द की सूजन इस प्रकार के जिल्द की सूजन के लिए एक जोखिम कारक है। आम अड़चन में डिटर्जेंट, एसिड, क्षार, तेल, कार्बनिक सॉल्वैंट्स और कम करने वाले एजेंट शामिल हैं।

इस जिल्द की सूजन का तीव्र रूप त्वचा के एक मजबूत अड़चन या कास्टिक रसायन के संपर्क में आने पर विकसित होता है। यह जोखिम कार्य स्थल पर दुर्घटना के परिणामस्वरूप हो सकता है। अड़चन के संपर्क में आने के कुछ ही मिनटों से घंटों के भीतर अड़चन प्रतिक्रिया अपनी

तीव्रता में बढ़ने लगती है और जल्दी से अपने चरम पर पहुंच जाती है। प्रतिक्रिया अपने चरम स्तर पर पहुंचने के बाद, यह ठीक होना शुरू हो जाता है। इस प्रक्रिया को अवरोह (Decrescendo) घटना के रूप में जाना जाता है। इस प्रकार के जिल्द की सूजन के लिए सबसे लगातार शक्तिशाली अड़चनें एसिड और क्षारीय समाधान हैं। लक्षणों में फफोले के गठन के साथ त्वचा की लाली और सूजन शामिल है।

जीर्ण रूप, लंबे समय तक कमजोर जलन के त्वचा के बार-बार संपर्क के परिणामस्वरूप होता है।

संपर्क जिल्द की सूजन की नैदानिक अभिव्यक्तियाँ बाहरी कारकों जैसे पर्यावरणीय कारकों (यांत्रिक दबाव, तापमान और आर्द्रता) और व्यक्ति की पूर्व सूचक विशेषताओं (आयु, लिंग, जातीय मूल, पहले से मौजूद त्वचा रोग, एटोपिक त्वचा विकृति, और शारीरिक क्षेत्र) द्वारा संशोधित की जाती हैं।

एक अन्य व्यावसायिक त्वचा रोग दस्ताने से संबंधित हाथ पित्ती है। इसे स्वास्थ्य देखभाल कर्मचारियों के बीच एक व्यावसायिक समस्या के रूप में सूचित किया गया है। माना जाता है कि इस प्रकार के हाथ के पित्ती को बार-बार पहनने और दस्ताने हटाने के कारण होता है। प्रतिक्रिया दस्ताने में मौजूद लेटेक्स या नाइट्राइल के कारण होती है।

श्वसन संबंधी बीमारियां:

इसमें अस्थमा, फेफड़े की बीमारी और क्रॉनिक ऑब्सट्रक्टिव पल्मोनरी डिजीज (COPD) शामिल हो सकते हैं। ओंटारियो कामगारों के लिए व्यावसायिक स्वास्थ्य क्लिनिक (OHCOW) के अनुसार, कनाडा में अस्थमा को सबसे आम व्यावसायिक फेफड़ों की बीमारी माना जाता है। इसके अलावा, OHCOW का कहना है कि कार्य स्थल में 300 से अधिक रसायन हैं जो अस्थमा का कारण बनते हैं, यह बीमारी ऑटो पार्ट्स, फोम और प्लास्टिक निर्माण उद्योगों में सबसे अधिक प्रचलित है। आई एल ओ (ILO) काम से संबंधित अस्थमा को संवेदनशील एजेंटों या अड़चन के कारण होने वाले अस्थमा के रूप में सूचीबद्ध करता है।

मस्कुलोस्केलेटल डिसऑर्डर:

मस्कुलोस्केलेटल डिसऑर्डर (MSDs): MSD अधिकांश कार्य स्थलों में, यहां तक कि कार्यालय की सेटिंग में भी प्रचलित हैं। वास्तव में, कार्यालय के कर्मचारियों को कार्पल टनल सिंड्रोम या टेंडोनाइटिस जैसे दोहरावदार तनाव चोटों (आरएसआई) का खतरा हो सकता है। EU-OSHA का कहना है कि अधिकांश कार्य-संबंधी MSDs समय के साथ विकसित होते हैं और दोहराए जाने वाले आंदोलनों, अजीब स्थिति, भार को संभालने, उच्च कार्य मांगों, ब्रेक की कमी आदि के कारण हो सकते हैं। वर्कप्लेस सेफ्टी एंड रोकथाम सेवाएं (डब्ल्यूएसपीएस) के मुताबिक, काम से जुड़ी सभी चोटों में एमएसडी की हिस्सेदारी 43 फीसदी है।

लेड पॉइज़निंग

लेड पॉइज़निंग किसी के लिए भी एक बड़ा जोखिम हो सकता है, जिसने ऐसे व्यवसाय में समय बिताया है जो लेड से संबंधित है और कई व्यावसायिक बीमारियों की ओर ले जाता है। इनमें से कुछ नौकरियों में शिपबिल्डिंग, लेड स्मेल्टिंग, पॉटरी ग्लेज़िंग, स्ट्रिपिंग पेंट या प्लंबिंग शामिल हैं। सीसे की धूल में सांस लेने से बांझपन, गुर्दे की बीमारी और मस्तिष्क क्षति जैसी गंभीर स्वास्थ्य समस्याएं हो सकती हैं। यदि आप सीसा को अवशोषित करते हैं, तो यह आपकी हड्डियों में इकट्ठा होने से पहले रक्त प्रवाह में परिचालित होता है।

जिन श्रमिकों ने सीसा अवशोषित कर लिया है, वे किसी भी लक्षण के होने से कई साल पहले जा सकते हैं। इसके लक्षण मतली, वजन घटना, याददाश्त संबंधी समस्याएं और/या पेट दर्द हैं।

सीसा विषाक्तता को कैसे रोकें:

हम न केवल सांस लेने के माध्यम से सीसा को अवशोषित कर सकते हैं, हम इसे पीने, खाने, धूम्रपान करने या अपने नाखूनों को काटने से निगल सकते हैं।

यह सुनिश्चित करना महत्वपूर्ण है कि आप सीसे के साथ काम करने वाले किसी भी व्यक्ति के लिए एक निर्दिष्ट भोजन क्षेत्र प्रदान करें और यह सुनिश्चित करें कि वे खाने से पहले अपने हाथ ठीक से धो लें।

आप नियमित रूप से जोखिम मूल्यांकन और उपकरण रखरखाव करके अपने कर्मचारियों के लिए सीसा के जोखिम को नियंत्रित कर सकते हैं। सीसा विषाक्तता को रोकने के लिए अपने कर्मचारियों को प्रशिक्षित करें।

ऐसा करने से आपके कर्मचारियों के लिए इस व्यावसायिक रोग के जोखिम को कम किया जा सकता है।

यह सुनिश्चित करना महत्वपूर्ण है कि उनका कार्य वातावरण विशाल और अच्छी तरह हवादार हो।

बहरापन:

व्यावसायिक सुरक्षा और स्वास्थ्य के लिए राष्ट्रीय संस्थान (NIOSH) ने 2000 से 2008 तक अमेरिकी श्रमिकों के बीच एक अध्ययन किया, जिनके पास सामान्य आबादी की तुलना में अधिक व्यावसायिक शोर जोखिम था। उन्होंने पाया कि उनके सर्वेक्षण किए गए नमूने में से 18 प्रतिशत को बहरापन था। एनआईओएसएच का कहना है कि खनन, निर्माण और निर्माण उद्योगों में श्रमिकों को बेहतर श्रवण संरक्षण रणनीतियों की आवश्यकता है। आतिथ्य और स्वास्थ्य देखभाल सेटिंग्स में श्रवण हानि और श्रवण संबंधी समस्याएं भी एक समस्या हैं।

काम पर सुरक्षा और स्वास्थ्य के लिए यूरोपीय एजेंसी का कहना है कि वैश्विक कार्य-संबंधी मौतों का 24 प्रतिशत कैंसर के कारण होता है। व्यावसायिक कैंसर तब होता है जब कर्मचारी अपने कार्य स्थल में कार्सिनोजेनिक पदार्थों के संपर्क में होते हैं। कुछ पदार्थ विभिन्न कैंसर से जुड़े होते हैं, और कुछ कार्सिनोजेन्स कुछ उद्योगों में विशेष रूप से प्रचलित हो सकते हैं।

अभ्रक से संबंधित रोग अब व्यावसायिक रोग की सबसे प्रसिद्ध घटनाओं में से कुछ हैं। इनमें फेफड़े का कैंसर, गैस्ट्रो-आंत्र कैंसर, स्वर यंत्र या ग्रसनी का कैंसर और मेसोथेलियोमा (एक कैंसर जो अधिकांश आंतरिक अंगों को कवर करने वाले ऊतक की पतली परत में होता है) जैसे कैंसर शामिल हैं। एस्बेस्टस एक्सपोजर कनाडा में व्यावसायिक मौत का नंबर एक कारण है।

मेसोथेलियोमा सेंटर का कहना है कि 2016 में 445 कनाडाई लोगों में मेसोथेलियोमा का निदान किया गया था (प्रत्येक 100,000 कनाडाई लोगों में से लगभग 1.6)। कनाडा की मेसोथेलियोमा दर दुनिया में सबसे अधिक है। 2017 में, 490 कनाडाई मेसोथेलियोमा से मर गए।

तनाव और मानसिक स्वास्थ्य विकार:

कई स्रोत बताते हैं कि मानसिक स्वास्थ्य विकारों को कुछ संदर्भों में व्यावसायिक रोग भी माना जा सकता है। अभिघातज के बाद का तनाव विकार (PTSD) सबसे अधिक उद्धृत किया जाता है। PTSD सैन्य या कानून प्रवर्तन जैसे उच्च दबाव वाले कार्य स्थलों में श्रमिकों को प्रभावित कर सकता है। कैनेडियन मेंटल हेल्थ एसोसिएशन द्वारा प्रस्तुत 2013 के आंकड़ों के अनुसार, 8 प्रतिशत कनाडाई जो एक दर्दनाक घटना का अनुभव करते हैं, वे PTSD विकसित करते हैं।

संक्रामक रोग:

एनआईओएसएच का कहना है कि स्वास्थ्य कार्यकर्ता हेपेटाइटिस बी और सी, तपेदिक (टीबी) और यहां तक कि मानव इम्यूनोडिफीसिअन्सी वायरस (एचआईवी) जैसे संक्रामक रोगों के अनुबंध का जोखिम उठाते हैं। यह भी नोट करता है कि टीबी सामाजिक सेवाओं या सुधारात्मक सुविधाओं में काम करने वालों के लिए भी एक जोखिम है क्योंकि वे उच्च जोखिम वाली आबादी के लगातार संपर्क में हैं। यही हाल लैब कर्मियों का भी है। एनआईओएसएच का कहना है कि "रक्तजनित और वायुजनित रोग जनक 6 मिलियन यू.एस. स्वास्थ्य देखभाल कर्मियों के लिए जोखिम के एक महत्वपूर्ण वर्ग का प्रतिनिधित्व करते हैं।"

कार्पल टनल सिंड्रोम:

बार-बार हाथ की गति और कलाई की अजीब स्थिति कार्पल टनल में नसों और टेंडन पर दबाव बढ़ा सकती है। किसी को भी कार्पल टनल सिंड्रोम होने का खतरा हो सकता है अगर वे हर दिन एक ही काम अपने हाथों से करते हैं। कैशियर, हेयरड्रेसर, और फ़ैक्टरी कर्मचारियों जैसे नौकरियों को इस व्यावसायिक बीमारी के विकसित होने का खतरा होता है यदि वे इसे रोकने के लिए सावधानी नहीं बरतते हैं। यह स्थिति किसी

भी उम्र के व्यक्ति को प्रभावित कर सकती है।

उंगलियों में झुनझुनी, मैनुअल निपुणता का नुकसान और कंधे में दर्द होने के लक्षण हैं। यह पीड़ित को काम पर सोने और अपने सामान्य कार्यों को करने से रोक सकता है।

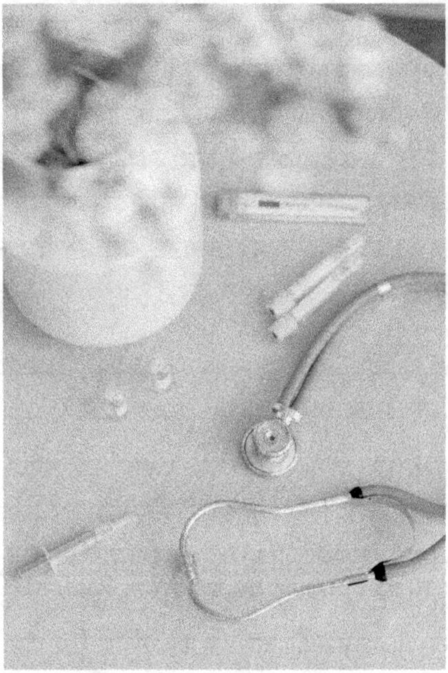

आभार : https://www.pexels.com/

2

सैनिकों में त्वचा रोग-निदान और रोकथाम

त्वचा वास्तव में शरीर का सबसे बड़ा अंग है। यह आंतरिक तापमान को नियंत्रित करने में मदद करता है, शरीर को तरल पदार्थ बनाए रखने (निर्जलीकरण को रोकने) की अनुमति देता है, और हानिकारक रोगाणुओं को बाहर रखता है। युवा वयस्कों में त्वचा रोग एक आम समस्या है। त्वचा रोग ऐसी स्थितियां हैं जो त्वचा को प्रभावित करती हैं। इन रोगों के कारण चकत्ते, सूजन, खुजली या अन्य त्वचा परिवर्तन हो सकते हैं। कुछ त्वचा की स्थिति अनुवांशिक हो सकती है, जबकि जीवनशैली कारक दूसरों के कारण हो सकते हैं। त्वचा रोग के उपचार में दवाएं, क्रीम या मलहम या जीवनशैली में बदलाव शामिल हो सकते हैं। आम त्वचा की स्थितियों में मुँहासे, संपर्क जिल्द की सूजन, सौम्य ट्यूमर, कैंसर, एटोपिक जिल्द की सूजन (जिसे एक्जिमा भी कहा जाता है) और सोरायसिस शामिल हैं। सामान्य त्वचा रोग दुनिया भर में बीमारी के वैश्विक बोझ में त्वचा की स्थिति 1.79% का योगदान करती है। जबकि एक स्थिति को दूसरे से बताना सीखना किसी व्यक्ति को घरेलू देखभाल प्रदान करने में मदद कर सकता है, त्वचा विशेषज्ञ जैसे

स्वास्थ्य देखभाल पेशेवर से निदान और उपचार प्राप्त करना महत्वपूर्ण हो सकता है। त्वचा की कई स्थितियां जीवन भर रह सकती हैं। कुछ बचपन में शुरू हो सकते हैं और वयस्कता में जारी रह सकते हैं। कुछ मामलों में, लक्षण हमेशा मौजूद नहीं होते हैं लेकिन निश्चित समय पर भड़क जाते हैं। सीबमयुक्त त्वचा शोध यह एक बहुत ही सामान्य त्वचा रोग है जो दाने का कारण बनता है। जब यह दाने दिखाई देते हैं, तो यह अक्सर इस पृष्ठ पर दिखाए गए जैसा दिखता है। त्वचा की प्रवृत्ति होती है: लाल रंग, सूजा हुआ और चिकना दिखना, सतह पर सफेद या पीले रंग का क्रस्टी स्केल। इनमें से एक या अधिक चकत्ते शरीर पर दिखाई दे सकते हैं। कभी-कभी, प्रभावित त्वचा में खुजली होती है। अपनी उपस्थिति के बावजूद, यह त्वचा रोग खराब स्वच्छता के कारण नहीं होता है। मोल्स मोल्स ऐसे विकास होते हैं जो तब बनते हैं जब त्वचा की कोशिकाएं आसपास के ऊतकों के साथ जुड़ जाती हैं। अधिकांश को "सामान्य तिल" कहा जाता है और इससे कोई नुकसान नहीं होता है। बहुत से लोगों को तिल होते हैं, और एक व्यक्ति के पूरे शरीर में लगभग 40 तिल हो सकते हैं। रोसेशिया रोसेशिया आमतौर पर चेहरे पर लाली का कारण बनता है। गहरे रंग की त्वचा वाले लोगों में, प्रभावित क्षेत्र आसपास की त्वचा की तुलना में गहरा और गर्म हो सकता है। एरिथेमेटोटेलेंजिएक्टिक रोसैसिया लाली, दृश्यमान रक्त वाहिकाओं, फ्लशिंग का कारण बन सकता है। ओकुलर रोसैसिया आंखों की लाली और जलन पैदा कर सकता है। पेपुलोस्त्युलर रोसेशिया (Papulopustular rosacea) सूजन पैदा कर सकता है। फायमटस रोसेशिया यह त्वचा को मोटा ऊबड़ बनावट का कारण बनता है। रोसेशिया के लिए कोई ज्ञात इलाज नहीं है। लपस (ल्यूपस) ल्यूपस एक जटिल ऑटोइम्यून डिसऑर्डर है। यह सूजन और दर्द का कारण बनता है, और विशिष्ट प्रभाव एक व्यक्ति से दूसरे व्यक्ति में भिन्न हो सकते हैं। ल्यूपस शरीर के किसी भी हिस्से को प्रभावित कर सकता है। त्वचा पर लक्षणों में लाल धब्बे या अंगूठियां, नाक और गालों पर सनबर्न जैसे चकत्ते और गोलाकार चकत्ते शामिल होते हैं जिनमें खुजली या चोट नहीं होती है। ये सिरदर्द, बुखार, थकान, और सूजन, कठोर,

या दर्दनाक जोड़ों के साथ हो सकते हैं। ल्यूपस वाले 10 लोगों में से नौ महिलाएं हैं, और गहरे रंग की त्वचा वाली महिलाओं में इसके होने की संभावना तीन गुना अधिक होती है। ल्यूपस के उपचार में दवाएं और वैकल्पिक चिकित्सा शामिल हैं। सोरायसिस सोरायसिस एक ऑटोइम्यून डिसऑर्डर है। लक्षणों में आमतौर पर एक असामान्य रूप के साथ त्वचा के खुजली वाले पैच शामिल होते हैं। सोरायसिस से प्रभावित त्वचा के क्षेत्र आकार और गंभीरता में भिन्न हो सकते हैं। गोरी त्वचा वाले व्यक्ति में, प्रभावित क्षेत्र आमतौर पर सफेद तराजू के साथ लाल या गुलाबी होते हैं। सोरायसिस के पांच मुख्य प्रकार हैं: प्लाक सोरायसिस के कारण त्वचा पर मोटे धब्बे हो जाते हैं। पुष्ठीय छालरोग त्वचा से घिरे हुए फुंसी का कारण बनता है जो लाल हो सकता है। एरिथोडर्मिक सोरायसिस व्यापक क्षेत्रों का कारण बनता है जो गंभीर रूप से जले हुए दिखाई देते हैं। उल्टे सोरायसिस त्वचा की सिलवटों में एक चमकदार दाने का कारण बनता है, जैसे बगल में या जननांगों के आसपास। गुटेट सोरायसिस के कारण सिर, चेहरे, धड़ और अंगों पर छोटे-छोटे धब्बे हो जाते हैं। डॉक्टर क्रीम और मलहम सहित विभिन्न दवाओं के साथ लक्षणों का इलाज कर सकते हैं। एक त्वचा विशेषज्ञ सबसे उपयुक्त उपचार योजना की सिफारिश कर सकता है। एक्जिमा एक्जिमा आमतौर पर बचपन में विकसित होता है, लेकिन यह वयस्कता में उत्पन्न हो सकता है। एटोपिक जिल्द की सूजन और संपर्क जिल्द की सूजन सहित कई प्रकार हैं। एक्जिमा से चेहरे, खोपड़ी, कोहनी, गर्दन, कलाई, टखनों या पैरों के आसपास चकत्ते हो सकते हैं। चकत्ते बहुत खुजलीदार होते हैं और उबड़-खाबड़ हो सकते हैं, रंग बदल सकते हैं या गाढ़े हो सकते हैं। वयस्कों में, चकत्ते शरीर के अधिक हिस्से को कवर कर सकते हैं, जिससे व्यापक रूप से शुष्क, खुजली वाले क्षेत्र हो सकते हैं। हल्की त्वचा वाले लोगों की तुलना में गहरे रंग की त्वचा वाले लोगों में लक्षण कम ध्यान देने योग्य हो सकते हैं। एक्जिमा का कोई ज्ञात इलाज नहीं है। यह अपने आप ठीक हो सकता है, लेकिन लक्षणों से राहत देने वाली दवाएं उपलब्ध हैं। विटिलिगो विटिलिगो रंजकता के नुकसान का कारण बनता है। कुछ प्रकार होते हैं, लेकिन विटिलिगो आमतौर पर त्वचा पर सफेद धब्बे

दिखाई देते हैं, आमतौर पर सूर्य के प्रकाश के संपर्क में आने वाले क्षेत्रों में। विटिलिगो वाले लोग अक्सर अपने बालों का रंग जल्दी खो देते हैं। कुछ लोग पाते हैं कि कई वर्षों में सफेदी के अधिक क्षेत्र धीरे-धीरे प्रकट होते हैं। चूंकि यह स्थिति रंजकता को प्रभावित करती है, यह आमतौर पर काले या टैन्ड त्वचा वाले लोगों में अधिक ध्यान देने योग्य होती है। वर्तमान में विटिलिगो का कोई इलाज नहीं है, लेकिन कई प्रकार के उपचार उपलब्ध हैं, जिनमें प्रकाश चिकित्सा और सामयिक दवाएं शामिल हैं। एक व्यक्ति के पास सर्जिकल विकल्प भी होते हैं, और कुछ वैकल्पिक उपचार मदद कर सकते हैं, हालांकि वैज्ञानिकों को उनकी प्रभावशीलता पर और अधिक ध्यान देने की आवश्यकता है। कुछ त्वचा की स्थिति समय के साथ या उपचार के सही तरीके से हल हो जाती है। मुंहासा मुँहासे सबसे व्यापक त्वचा स्थितियों में से एक है। लक्षणों में शामिल हो सकते हैं: पस्तुलस (Pustules) जो उनके सिरों पर मवाद के साथ फुंसी होते हैं। पपल्स, जो उभरे हुए उभार होते हैं जो बालों के रोम में संक्रमण के कारण उत्पन्न होते हैं। नोड्यूल्स, जो त्वचा की सतह के नीचे दर्दनाक गांठ होते हैं। सिस्ट, जो त्वचा की सतह के नीचे बड़े, दर्दनाक, मवाद से भरे उभार होते हैं। किसी भी व्यक्ति को मुंहासे हो सकते हैं। रंग के लोग भी काले धब्बे विकसित कर सकते हैं, जिन्हें पोस्ट-इन्फ्लेमेटरी हाइपरपिग्मेंटेशन के रूप में जाना जाता है, परिणामस्वरूप। लोग आमतौर पर दवा के साथ मुँहासे का इलाज कर सकते हैं। महिलाओं के लिए, इसमें कुछ मामलों में हार्मोनल थेरेपी शामिल हो सकती है। लाइट थेरेपी भी कारगर हो सकती है। पित्ती पित्ती में खुजली होती है, उभरे हुए धब्बे होते हैं। हल्की त्वचा वाले लोगों में वे गुलाबी या लाल रंग के हो सकते हैं। एलर्जी की प्रतिक्रिया आमतौर पर जिम्मेदार होती है, हालांकि तनाव, बीमारी और घर्षण, जैसे तंग कपड़ों से, इसका कारण हो सकता है। पित्ती आमतौर पर गुच्छों में बनती है। वे शरीर के एक हिस्से में जा सकते हैं और दूसरे में फिर से प्रकट हो सकते हैं। उपचार में आमतौर पर एंटीहिस्टामाइन या कॉर्टिकोस्टेरॉइड शामिल होते हैं। मानव पेपिलोमावायरस, जिसे एचपीवी के रूप में जाना जाता है, मस्से का कारण बनता है, जो संक्रामक होते हैं। ये धक्कों शरीर के किसी

भी हिस्से पर, आमतौर पर हाथों, पैरों और जोड़ों पर दिखाई दे सकते हैं। वे किसी व्यक्ति की त्वचा के रंग के होते हैं या गहरे रंग के होते हैं। मस्से कभी-कभी अपने आप दूर हो जाते हैं, लेकिन त्वचा विशेषज्ञ उनके प्रकार और स्थान के आधार पर उन्हें हटाने की सलाह दे सकते हैं। फंगल नाखून संक्रमण इसमें नाखूनों के पास, नीचे और आसपास फंगस का अतिवृद्धि शामिल है। आमतौर पर, यह टॉसिल्स को प्रभावित करता है। नाखूनों के किनारे उखड़ सकते हैं, और उनकी सतहों में सफेद-पीले रंग की स्केलिंग और फ्लेकिंग हो सकती है। विभिन्न प्रकार के कवक इस संक्रमण का कारण बन सकते हैं, और उपचार प्रकार पर निर्भर हो सकता है। डॉक्टर मौखिक या सामयिक दवाएं लिख सकते हैं। कुछ मामलों में, उन्हें प्रभावित नाखून को हटाने की आवश्यकता हो सकती है। मुंह के छाले कोल्ड सोर एक लाल, द्रव से भरा छाला होता है। ये छाले आमतौर पर मुंह के पास दिखाई देते हैं और प्रभावित त्वचा में दर्द या नाजुकता महसूस हो सकती है। फफोले दिखाई देने से पहले, खुजली या जलन हो सकती है। दाद सिंप्लेक्स वायरस ठंड घावों का कारण बनता है, जो 2 सप्ताह तक रह सकता है, फिर समय-समय पर वापस आ सकता है। जबकि कोई इलाज नहीं है, विभिन्न उपचार प्रकोप को कम कर सकते हैं। कैंडिडिआसिस कैंडिडा ऐल्बीकंस (Candida albicans) एक कवक की अतिवृद्धि इस समस्या का कारण बनती है, और जब यह त्वचा को प्रभावित करती है, तो इसे त्वचीय कैंडिडिआसिस या त्वचीय मोनिलियासिस कहा जाता है। क्षेत्रों में जलन हो सकती है और घाव या छोटे-छोटे दाने हो सकते हैं। कैंडिडिआसिस आमतौर पर त्वचा की सिलवटों में विकसित होता है, जैसे बगल या कमर के आसपास। कई बार इसका असर चेहरे पर भी पड़ता है। लोग आमतौर पर अपनी त्वचा की स्वच्छता को बढ़ाकर और एंटीबायोटिक दवाओं के अति प्रयोग से बचकर कैंडिडिआसिस को रोक सकते हैं। इसका इलाज करने के लिए, डॉक्टर एंटिफंगल और कॉर्टिकोस्टेरॉइड क्रीम लिख सकते हैं। एथलीट फुट एथलीट फुट एक फंगल इन्फेक्शन है। जिम्मेदार कवक गर्म, नम स्थितियों में पनपता है, जैसे कि अंदर के स्नीकर्स। लक्षणों में शुष्क, खुजलीदार, छीलने वाली त्वचा शामिल हो सकती है। फफोले और

रक्तस्राव भी हो सकता है, और पैर की उंगलियों के बीच या पैर के नीचे की त्वचा गीली, पीली, फटी या पपड़ीदार हो सकती है। डॉक्टर आमतौर पर एथलीट फुट का इलाज ऐंटिफंगल क्रीम या स्प्रे से करते हैं। त्वचा कैंसर कैंसर में अनियंत्रित रूप से बढ़ने वाली कोशिकाएं शामिल हैं, और यह कहीं भी हो सकती है। जब यह त्वचा में शुरू होता है तो डॉक्टर इसे स्किन कैंसर या त्वचा कैंसर कहते हैं। यद्यपि त्वचा कैंसर जीवन के लिए खतरा हो सकता है, यदि चिकित्सक इस समस्या का शीघ्र निदान कर लेता है तो उपचार प्रभावी हो सकते हैं। ये कैंसर लंबे समय तक सूरज के संपर्क में रहने के बाद होते हैं। गहरी त्वचा अधिक मेलेनिन का उत्पादन करती है, जो त्वचा को हानिकारक सूरज की किरणों से अधिक सुरक्षा प्रदान करती है। फिर भी, अनुसंधान विश्वसनीय स्रोत से पता चलता है कि पीपल ऑफ़ कलर में त्वचा कैंसर का निदान बाद में किया जाता है। इससे चिकित्सा देखभाल में देरी होती है और मृत्यु की संभावना अधिक होती है। कुछ त्वचा की स्थिति हानिरहित होती है, जबकि अन्य लक्षणों के साथ असुविधा और परेशानी का कारण बन सकती हैं। यह याद रखना महत्वपूर्ण है कि किसी को भी अपनी त्वचा की समस्याओं से अकेले नहीं निपटना है। एक डॉक्टर के साथ टीम बनाना, जैसे कि एक त्वचा विशेषज्ञ, एक सही निदान को सर्वोत्तम संभव उपचार योजना सुनिश्चित करने में मदद कर सकता है। त्वचा विकारों का इलाज कई त्वचा विकारों का इलाज किया जा सकता है। त्वचा की स्थिति के लिए सामान्य उपचार विधियों में शामिल हैं: एंटीहिस्टामाइन्स औषधीय क्रीम और मलहम एंटीबायोटिक्स विटामिन या स्टेरॉयड इंजेक्शन लेजर थेरेपी लक्षित नुस्खे दवाएं सभी त्वचा विकार उपचार का जवाब नहीं देते हैं। कुछ स्थितियां बिना इलाज के चली जाती हैं। स्थायी त्वचा की स्थिति वाले लोग अक्सर गंभीर लक्षणों के दौर से गुजरते हैं। कभी-कभी लोग लाइलाज स्थितियों को छूट में बदलने में सक्षम होते हैं। हालांकि, तनाव या बीमारी जैसे कुछ ट्रिगर्स के कारण अधिकांश त्वचा की स्थिति फिर से प्रकट होती है। आप अक्सर त्वचा विकारों का इलाज कर सकते हैं जो अस्थायी और कॉस्मेटिक हैं: मेडिकेटेड मेकअप ओवर-द-काउंटर त्वचा देखभाल उत्पाद अच्छी स्वच्छता प्रथाएं छोटे

जीवनशैली समायोजन, जैसे कि कुछ आहार परिवर्तन करना। त्वचा विकारों की रोकथाम : कुछ त्वचा विकारों को रोका नहीं जा सकता है, जिनमें आनुवंशिक स्थितियां और अन्य बीमारियों के कारण त्वचा की कुछ समस्याएं शामिल हैं। हालांकि, कुछ त्वचा विकारों को रोकना संभव है। अपने हाथों को बार-बार साबुन और गर्म पानी से धोएं। खाने के बर्तन और पीने का गिलास अन्य लोगों के साथ साझा करने से बचें। संक्रमण वाले अन्य लोगों की त्वचा के सीधे संपर्क में आने से बचें। सार्वजनिक जगहों पर चीजों को साफ करें, जैसे जिम के उपकरण, इस्तेमाल करने से पहले। कंबल, हेयरब्रश या स्विमसूट जैसी निजी चीजें साझा न करें। हर रात कम से कम सात घंटे की नींद जरूर लें। खूब सारा पानी पीओ। अत्यधिक शारीरिक या भावनात्मक तनाव से बचें। पौष्टिक आहार लें। चिकनपॉक्स जैसी संक्रामक त्वचा की स्थिति के लिए टीका लगवाएं। गैर-संक्रामक त्वचा विकार, जैसे कि मुँहासे और एटोपिक जिल्द की सूजन, कभी-कभी रोके जा सकते हैं। रोकथाम तकनीक स्थिति के आधार पर भिन्न होती है। यहाँ कुछ गैर-संक्रामक त्वचा विकारों को रोकने के लिए कुछ सुझाव दिए गए हैं: अपने चेहरे को रोजाना किसी सौम्य क्लींजर और पानी से धोएं। मॉइस्चराइजर का इस्तेमाल करें। पर्यावरण और आहार संबंधी एलर्जी से बचें। कठोर रसायनों या अन्य अड़चनों के संपर्क में आने से बचें। हर रात कम से कम सात घंटे की नींद जरूर लें। खूब सारा पानी पीओ। स्वस्थ आहार लें। अपनी त्वचा को अत्यधिक ठंड, गर्मी और हवा से बचाएं। त्वचा की उचित देखभाल और त्वचा विकारों के उपचार के बारे में सीखना त्वचा के स्वास्थ्य के लिए बहुत महत्वपूर्ण हो सकता है। कुछ स्थितियों में डॉक्टर के ध्यान की आवश्यकता होती है, जबकि आप दूसरों को घर पर सुरक्षित रूप से संबोधित कर सकते हैं। आपको अपने लक्षणों या स्थिति के बारे में जानना चाहिए और सर्वोत्तम उपचार विधियों को निर्धारित करने के लिए अपने डॉक्टर से बात करनी चाहिए। पदार्थों, उत्पादों और गीले काम के सीधे संपर्क से बचें। यदि संभव हो तो, एक अलग सामग्री खोजें जो सुरक्षित हो और हानिकारक पदार्थ को कार्यस्थल से हटा दें। यदि नहीं, तो सुनिश्चित करें कि श्रमिकों के उपयोग के लिए दस्ताने उपलब्ध

कराए गए हैं। सुरक्षा दस्ताने जैसे पीपीई पहनकर और/या विशेष रूप से त्वचा की सुरक्षा के लिए प्री-वर्क बैरियर क्रीम का उपयोग करके अपनी त्वचा को संदूषण और/या जलन से बचाएं। सुनिश्चित करें कि आप पीने और/या खाने से पहले एक गुणवत्ता वाले हाथ क्लीनर से अपने हाथ धो लें जो औद्योगिक गंदगी को हटा देता है। खुजली, सूखी, और/या लाल त्वचा जैसी स्थितियों की जाँच करें। इससे पहले कि वे बहुत गंभीर हो जाएं, आप जिल्द की सूजन और अन्य मुद्दों के शुरुआती लक्षण देख सकते हैं। सैनिकों की त्वचा की देखभाल में स्वच्छता की भूमिका व्यक्तिगत स्वच्छता में सुधार (पीएच) सार्वजनिक स्वास्थ्य में एक महत्वपूर्ण उपलब्धि रही है। स्वच्छता को उन राज्यों या गतिविधियों के रूप में परिभाषित किया जाता है जिनके द्वारा व्यक्ति अपने आस-पास की व्यक्तिगत स्वच्छता और स्वच्छता प्राप्त करके अच्छे स्वास्थ्य को बनाए रखता है या बढ़ावा देता है। स्वच्छता को दो मुख्य श्रेणियों में विभाजित किया जा सकता है: pH और पर्यावरणीय स्वच्छता। pH व्यवहार शरीर को धोने / साफ करने की गतिविधियाँ हैं जो त्वचा, बालों और नाखूनों को अच्छी स्थिति में रखती हैं, मौखिक स्वास्थ्य और आंख और कान की देखभाल पर ध्यान देती हैं, और साफ कपड़े बनाए रखती हैं जो संक्रामक रोगों के संचरण को रोकने में मदद करती हैं। PH में स्नान, हाथ धोना, कपड़े पहनना, संवारना और दैनिक जीवन की गतिविधियाँ जो स्वच्छता बनाए रखती हैं, जैसे व्यवहार शामिल हैं। अध्ययनों से पता चलता है कि खराब स्वच्छता अक्सर कई मनोवैज्ञानिक विकारों का कारण या परिणाम होती है। संक्रामक रोगों को रोकने के लिए अच्छे व्यक्तिगत स्वच्छता (पीएच) व्यवहार की सिफारिश की जाती है, और सैन्य बलों के सदस्यों को संक्रामक रोगों के अनुबंध के लिए उच्च जोखिम हो सकता है। आदर्श परिस्थितियों में सैनिकों को अच्छी व्यक्तिगत स्वच्छता बनाए रखने के लिए रोजाना या सप्ताह में कम से कम एक बार स्नान करना चाहिए। बार-बार नहाना त्वचा के संक्रमण को रोकता है और संभावित परजीवी संक्रमण को रोकने में मदद करता है। जब शावर उपलब्ध न हों, तो रोजाना एक वॉशक्लॉथ और साबुन और पानी से धोने की सलाह दी जाती है। स्वस्थ त्वचा के लिए सर्वश्रेष्ठ

भोजन पोषण स्वास्थ्य के लिए महत्वपूर्ण है। एक अस्वास्थ्यकर आहार आपके चयापचय को नुकसान पहुंचा सकता है, वजन बढ़ा सकता है और यहां तक कि आपके दिल और यकृत जैसे अंगों को भी नुकसान पहुंचा सकता है। लेकिन आप जो खाते हैं वह दूसरे अंग को भी प्रभावित करता है - आपकी त्वचा! जैसा कि वैज्ञानिक आहार और शरीर के बारे में अधिक सीखते हैं, यह तेजी से स्पष्ट होता है कि आप जो खाते हैं वह आपकी त्वचा के स्वास्थ्य और उम्र बढ़ने को महत्वपूर्ण रूप से प्रभावित कर सकता है। यहाँ आपकी त्वचा को स्वस्थ रखने के लिए सर्वोत्तम खाद्य पदार्थ दिए गए हैं:

[1] वसायुक्त मछली- वसायुक्त मछली, जैसे सैल्मन, मैकेरल और हेरिंग, स्वस्थ त्वचा के लिए उत्कृष्ट खाद्य पदार्थ हैं। वे ओमेगा -3 फैटी एसिड के समृद्ध स्रोत हैं, जो त्वचा के स्वास्थ्य को बनाए रखने के लिए महत्वपूर्ण हैं। ओमेगा -3 फैटी एसिड त्वचा को मोटा, कोमल और नमीयुक्त बनाए रखने में मदद करने के लिए आवश्यक हैं। वास्तव में, ओमेगा -3 फैटी एसिड की कमी से त्वचा शुष्क हो सकती है। सैल्मन जैसी फैटी प्रकार की मछलियों में ओमेगा -3 फैटी एसिड होता है जो सूजन को कम कर सकता है और त्वचा को नमीयुक्त रख सकता है। वे उच्च गुणवत्ता वाले प्रोटीन, विटामिन ई और जिंक का भी एक अच्छा स्रोत हैं।

[2] एवोकैडो- एवोकैडो फायदेमंद वसा में उच्च होते हैं और इसमें विटामिन ई और सी होते हैं, जो स्वस्थ त्वचा के लिए महत्वपूर्ण होते हैं। वे ऐसे यौगिकों को भी पैक करते हैं जो त्वचा को सूरज की क्षति से बचा सकते हैं।

[3] अखरोट- अखरोट आवश्यक वसा, जस्ता, विटामिन ई, सेलेनियम और प्रोटीन का एक अच्छा स्रोत हैं - ये सभी पोषक तत्व हैं जो त्वचा को स्वस्थ रहने के लिए आवश्यक हैं।

[4] सूरजमुखी के बीज- सामान्य तौर पर, नट और बीज त्वचा को बढ़ावा देने वाले पोषक तत्वों के अच्छे स्रोत होते हैं। सूरजमुखी के बीज विटामिन ई सहित पोषक तत्वों का एक उत्कृष्ट स्रोत हैं, जो त्वचा के लिए एक महत्वपूर्ण एंटीऑक्सीडेंट है।

[5] मीठे आलू- शकरकंद बीटा कैरोटीन का एक उत्कृष्ट स्रोत है, जो एक प्राकृतिक सनब्लॉक के रूप में कार्य करता है और त्वचा को सूरज की क्षति से बचा सकता है।

[6] टमाटर- टमाटर विटामिन सी और सभी प्रमुख कैरोटीनॉयड, विशेष रूप से लाइकोपीन का एक अच्छा स्रोत हैं। ये कैरोटेनॉयड्स त्वचा को सूरज की क्षति से बचाते हैं और झुर्रियों को रोकने में मदद कर सकते हैं।

[7] सोया : सोया में आइसोफ्लेवोन्स होते हैं, जो पौधों के यौगिकों की एक श्रेणी है जो शरीर में एस्ट्रोजन की नकल या ब्लॉक कर सकते हैं। Isoflavones त्वचा सहित शरीर के कई हिस्सों को लाभ पहुंचा सकता है। ये आइसोफ्लेवोन्स न केवल शरीर के अंदर की कोशिकाओं को नुकसान से बचाने में मदद करते हैं बल्कि यूवी विकिरण से त्वचा को भी बचाते हैं - जो कुछ त्वचा कैंसर के खतरे को कम कर सकते हैं|

[8] डार्क चॉकलेट- यदि आपको चॉकलेट खाने का एक और कारण चाहिए, तो यह है: आपकी त्वचा पर कोको के प्रभाव बहुत ही अद्भुत हैं | एक अन्य अध्ययन में पाया गया कि प्रतिदिन 20 ग्राम हाई-एंटीऑक्सिडेंट डार्क चॉकलेट खाने से आपकी त्वचा कम-एंटीऑक्सीडेंट वाली चॉकलेट खाने की तुलना में जलने से पहले दोगुने से अधिक यूवी विकिरण का सामना कर सकती है। लाभ को अधिकतम करने के लिए कम से कम 70% कोको के साथ डार्क चॉकलेट चुनना सुनिश्चित करें और अतिरिक्त चीनी को कम से कम रखें। आप जो खाते हैं वह आपकी त्वचा के स्वास्थ्य को महत्वपूर्ण रूप से प्रभावित कर सकता है। सुनिश्चित करें कि आपको अपनी त्वचा की सुरक्षा के लिए पर्याप्त आवश्यक पोषक तत्व मिल रहे हैं। आपकी त्वचा को स्वस्थ, मजबूत और आकर्षक बनाए रखने के लिए इस सूची के खाद्य पदार्थ बेहतरीन विकल्प हैं। विशेष रूप से भारतीय सैनिकों के लिए पहले अधिक से अधिक पानी पिएं, क्योंकि आपके द्वारा तैनात किए गए हालात गर्म हो सकते हैं या ठंडे हो सकते हैं इसलिए उन स्थितियों में त्वचा की रोकथाम जरूरी है। इसलिए यदि संभव हो तो प्रशिक्षण से पहले या ड्यूटी पर जाने के लिए तैयार होने से पहले व्यापक स्पेक्ट्रम उच्च

एसपीएफ़ सनस्क्रीन +++ का उपयोग करें। ट्रेनिंग या ड्यूटी खत्म होने के बाद जल्दी से नहा लें, माइल्ड क्लींजर का इस्तेमाल करें। अगले दिन किसी भी धूप के संपर्क में आने से पहले फिर से सनस्क्रीन लगाएं, यह त्वचा को त्वचा के कैंसर से बचाता है। हमारे आदरणीय सैनिकों से एक विनम्र निवेदन- त्वचा के स्वास्थ्य के लिए अनुशासन की आवश्यकता होती है, और सैनिकों के पास इतना अनुशासन होता है जितना हम सभी जानते हैं, इसलिए अपने स्वास्थ्य और त्वचा के शासन को अपनी दिनचर्या का हिस्सा बनाने का प्रयास करें। साइक डर्मेटोलॉजी: द माइंड एंड स्किन कनेक्शन एक मानसिक त्वचाविज्ञान अव्यवस्था एक ऐसी स्थिति हो सकती है जो निर्णय क्षमताओं और त्वचा के बीच एक बातचीत को समेकित करती है। साइक डर्माटोलोगिक डिसअरेंज्स तीन श्रेणियों में आते हैं: साइकोफिजियोलॉजिकल क्लटर, आवश्यक साइकियाट्रिक डिसअरेंजमेंट और सहयोगी साइकियाट्रिक डिसअरेंज। साइकोफिजियोलॉजिकल अव्यवस्थाएं (जैसे, सोरायसिस और डर्मेटाइटिस) त्वचा के मुद्दों से संबंधित हैं जो विशेष रूप से निर्णय योग्यता से संबंधित नहीं हैं, लेकिन जो उत्तेजित अवस्थाओं का जवाब देते हैं, जैसे कि बढ़ाना। मौलिक मनोरोग विकार मानसिक स्थितियों में शामिल हो जाते हैं, जिसके परिणामस्वरूप स्व-प्रेरित त्वचीय उपस्थिति होती है, जैसे कि ट्राइकोटिलोमेनिया और पैरासाइटोसिस की कल्पनाएँ। दाहिने हाथ के मनोरोग संबंधी अव्यवस्थाएं त्वचा की अव्यवस्थाओं से संबंधित हैं। विकृति लगभग मनोवैज्ञानिक मुद्दों में आती है, जैसे कम आत्मसम्मान, खेद महसूस करना या सामाजिक भय। अधिकांश मानसिक त्वचाविज्ञान संबंधी विकारों का इलाज चिंता-घटती तकनीकों या असाधारण मामलों में, कार्रवाई के मनोदैहिक पाठ्यक्रमों के साथ किया जा सकता है। मस्तिष्क-त्वचा गठबंधन को जानना। आपके सबसे महत्वपूर्ण अंग के रूप में, आपकी त्वचा आपको बाहरी दुनिया से गारंटी देती है, आपके आंतरिक अंगों का निरीक्षण करती है, आपके सुरक्षित तंत्र में एक विशाल आवंटन की भूमिका निभाती है, और आपको मलिनता से बचाती है। यह आपकी त्वचा को हाइड्रेट रखने, आपके शरीर के तापमान को नियंत्रित करने, आपके शरीर से मैनहैंडल और

मेटाबोलाइट्स को डिटॉक्सीफाई करने, और अपने विशिष्ट तंत्रिका किस्में के साथ, आपको पीड़ा और आकर्षण महसूस करने के लिए लाइसेंस देता है। ऐसा नहीं है क्योंकि यह विटामिन डी जैसे हार्मोन का उत्पादन करता था, यह नियंत्रित करने में खेलने के लिए आवंटित करता है

त्वचा वास्तव में शरीर का सबसे बड़ा अंग है। यह आंतरिक तापमान को नियंत्रित करने में मदद करता है, शरीर को तरल पदार्थ बनाए रखने (निर्जलीकरण को रोकने) की अनुमति देता है, और हानिकारक रोगाणुओं को बाहर रखता है। युवा वयस्कों में त्वचा रोग एक आम समस्या है। त्वचा रोग ऐसी स्थितियां हैं जो त्वचा को प्रभावित करती हैं। इन रोगों के कारण चकते, सूजन, खुजली या अन्य त्वचा परिवर्तन हो सकते हैं। कुछ त्वचा की स्थिति अनुवांशिक हो सकती है, जबकि जीवनशैली कारक दूसरों के कारण हो सकते हैं। त्वचा रोग के उपचार में दवाएं, क्रीम या मलहम या जीवनशैली में बदलाव शामिल हो सकते हैं।

आम त्वचा की स्थितियों में मुँहासे, संपर्क जिल्द की सूजन, सौम्य ट्यूमर, कैंसर, एटोपिक जिल्द की सूजन (जिसे एक्जिमा भी कहा जाता है) और सोरायसिस शामिल हैं।

सामान्य त्वचा रोग:

दुनिया भर में बीमारी के वैश्विक बोझ में त्वचा की स्थिति 1.79% का योगदान करती है। जबकि एक स्थिति को दूसरे से बताना सीखना किसी व्यक्ति को घरेलू देखभाल प्रदान करने में मदद कर सकता है, त्वचा विशेषज्ञ जैसे स्वास्थ्य देखभाल पेशेवर से निदान और उपचार प्राप्त करना महत्वपूर्ण हो सकता है। त्वचा की कई स्थितियां जीवन भर रह सकती हैं। कुछ बचपन में शुरू हो सकते हैं और वयस्कता में जारी रह सकते हैं। कुछ मामलों में, लक्षण हमेशा मौजूद नहीं होते हैं लेकिन निश्चित समय पर भड़क जाते हैं।

सीबमयुक्त त्वचा शोध:

यह एक बहुत ही सामान्य त्वचा रोग है जो दाने का कारण बनता है। जब यह दाने दिखाई देते हैं, तो यह अक्सर इस पृष्ठ पर दिखाए गए जैसा दिखता है। त्वचा की प्रवृत्ति होती है: लाल रंग, सूजा हुआ और चिकना

दिखना, सतह पर सफेद या पीले रंग का क्रस्टी स्केल। इनमें से एक या अधिक चकते शरीर पर दिखाई दे सकते हैं। कभी-कभी, प्रभावित त्वचा में खुजली होती है। अपनी उपस्थिति के बावजूद, यह त्वचा रोग खराब स्वच्छता के कारण नहीं होता है।

मोल्स:

मोल्स ऐसे विकास होते हैं जो तब बनते हैं जब त्वचा की कोशिकाएं आसपास के उत्तकों के साथ जुड़ जाती हैं। अधिकांश को "सामान्य तिल" कहा जाता है और इससे कोई नुकसान नहीं होता है। बहुत से लोगों को तिल होते हैं, और एक व्यक्ति के पूरे शरीर में लगभग 40 तिल हो सकते हैं।

रोसेशिया:

रोसेशिया आमतौर पर चेहरे पर लाली का कारण बनता है। गहरे रंग की त्वचा वाले लोगों में, प्रभावित क्षेत्र आसपास की त्वचा की तुलना में गहरा और गर्म हो सकता है। एरिथेमेटोटेलेंजिएक्टिक रोसैसिया लाली, दृश्यमान रक्त वाहिकाओं, फ्लशिंग का कारण बन सकता है। ओकुलर रोसैसिया आंखों की लाली और जलन पैदा कर सकता है। पेपुलोस्त्युलर रोसेशिया (Papulopustular rosacea) सूजन पैदा कर सकता है। फायमटस रोसेशिया यह त्वचा को मोटा ऊबड़ बनावट का कारण बनता है। रोसेशिया के लिए कोई ज्ञात इलाज नहीं है।

लपस (ल्यूपस):

ल्यूपस एक जटिल ऑटोइम्यून डिसऑर्डर है। यह सूजन और दर्द का कारण बनता है, और विशिष्ट प्रभाव एक व्यक्ति से दूसरे व्यक्ति में भिन्न हो सकते हैं। ल्यूपस शरीर के किसी भी हिस्से को प्रभावित कर सकता है। त्वचा पर लक्षणों में लाल धब्बे या अंगूठियां, नाक और गालों पर सनबर्न जैसे चकते और गोलाकार चकते शामिल होते हैं जिनमें खुजली या चोट नहीं होती है। ये सिरदर्द, बुखार, थकान, और सूजन, कठोर, या दर्दनाक जोड़ों के साथ हो सकते हैं। ल्यूपस वाले 10 लोगों में से नौ महिलाएं हैं, और गहरे रंग की त्वचा वाली महिलाओं में इसके होने की संभावना तीन गुना अधिक होती है। ल्यूपस के उपचार में दवाएं और वैकल्पिक चिकित्सा शामिल हैं।

सोरायसिसः

सोरायसिस एक ऑटोइम्यून डिसऑर्डर है। लक्षणों में आमतौर पर एक असामान्य रूप के साथ त्वचा के खुजली वाले पैच शामिल होते हैं। सोरायसिस से प्रभावित त्वचा के क्षेत्र आकार और गंभीरता में भिन्न हो सकते हैं। गोरी त्वचा वाले व्यक्ति में, प्रभावित क्षेत्र आमतौर पर सफेद तराजू के साथ लाल या गुलाबी होते हैं।

सोरायसिस के पांच मुख्य प्रकार हैं:

प्लाक सोरायसिस के कारण त्वचा पर मोटे धब्बे हो जाते हैं।

पृष्ठीय छाल रोग त्वचा से घिरे हुए फंसी का कारण बनता है जो लाल हो सकता है।

एरिथोडर्मिक सोरायसिस व्यापक क्षेत्रों का कारण बनता है जो गंभीर रूप से जले हुए दिखाई देते हैं।

उलटा सोरायसिस त्वचा की सिलवटों में एक चमकदार दाने का कारण बनता है, जैसे बगल में या जननांगों के आसपास।

गुटेट सोरायसिस के कारण सिर, चेहरे, धड़ और अंगों पर छोटे-छोटे धब्बे हो जाते हैं।

डॉक्टर क्रीम और मलहम सहित विभिन्न दवाओं के साथ लक्षणों का इलाज कर सकते हैं। एक त्वचा विशेषज्ञ सबसे उपयुक्त उपचार योजना की सिफारिश कर सकता है।

एक्जिमाः

एक्जिमा आमतौर पर बचपन में विकसित होता है, लेकिन यह वयस्कता में उत्पन्न हो सकता है। एटोपिक जिल्द की सूजन और संपर्क जिल्द की सूजन सहित कई प्रकार हैं। एक्जिमा से चेहरे, खोपड़ी, कोहनी, गर्दन, कलाई, टखनों या पैरों के आसपास चकत्ते हो सकते हैं। चकत्ते बहुत खुजलीदार होते हैं और उबड़-खाबड़ हो सकते हैं, रंग बदल सकते हैं या गाढ़े हो सकते हैं। वयस्कों में, चकत्ते शरीर के अधिक हिस्से को कवर कर सकते हैं, जिससे व्यापक रूप से शुष्क, खुजली वाले क्षेत्र हो सकते हैं। हल्की त्वचा वाले लोगों की तुलना में गहरे रंग की त्वचा वाले लोगों में लक्षण कम ध्यान देने योग्य हो सकते हैं। एक्जिमा का कोई ज्ञात इलाज नहीं है। यह अपने आप ठीक हो सकता है, लेकिन लक्षणों से राहत देने

वाली दवाएं उपलब्ध हैं।

विटिलिगो:

विटिलिगो रंजकता के नुकसान का कारण बनता है। कुछ प्रकार होते हैं, लेकिन विटिलिगो आमतौर पर त्वचा पर सफेद धब्बे दिखाई देते हैं, आमतौर पर सूर्य के प्रकाश के संपर्क में आने वाले क्षेत्रों में। विटिलिगो वाले लोग अक्सर अपने बालों का रंग जल्दी खो देते हैं। कुछ लोग पाते हैं कि कई वर्षों में सफेदी के अधिक क्षेत्र धीरे-धीरे प्रकट होते हैं। चूंकि यह स्थिति रंजकता को प्रभावित करती है, यह आमतौर पर काले या टैन्ड त्वचा वाले लोगों में अधिक ध्यान देने योग्य होती है। वर्तमान में विटिलिगो का कोई इलाज नहीं है, लेकिन कई प्रकार के उपचार उपलब्ध हैं, जिनमें प्रकाश चिकित्सा और सामयिक दवाएं शामिल हैं। एक व्यक्ति के पास सर्जिकल विकल्प भी होते हैं, और कुछ वैकल्पिक उपचार मदद कर सकते हैं, हालांकि वैज्ञानिकों को उनकी प्रभावशीलता पर और अधिक ध्यान देने की आवश्यकता है। कुछ त्वचा की स्थिति समय के साथ या उपचार के सही तरीके से हल हो जाती है।

मुंहासा:

मुँहासे सबसे व्यापक त्वचा स्थितियों में से एक है। लक्षणों में शामिल हो सकते हैं:

पस्तुलस (Pustules) जो उनके सिरों पर मवाद के साथ फुंसी होते हैं। पपल्स, जो उभरे हुए उभार होते हैं जो बालों के रोम में संक्रमण के कारण उत्पन्न होते हैं। नोड्यूल्स, जो त्वचा की सतह के नीचे दर्दनाक गांठ होते हैं।

सिस्ट, जो त्वचा की सतह के नीचे बड़े, दर्दनाक, मवाद से भरे उभार होते हैं। किसी भी व्यक्ति को मुंहासे हो सकते हैं। रंग के लोग भी काले धब्बे विकसित कर सकते हैं, जिन्हें पोस्ट-इन्फ्लेमेटरी हाइपरपिग्मेंटेशन के रूप में जाना जाता है, परिणामस्वरूप। लोग आमतौर पर दवा के साथ मुँहासे का इलाज कर सकते हैं। महिलाओं के लिए, इसमें कुछ मामलों में हार्मोनल थेरेपी शामिल हो सकती है। लाइट थेरेपी भी कारगर हो सकती है।

पित्ती:

पित्ती में खुजली होती है, उभरे हुए धब्बे होते हैं। हल्की त्वचा वाले लोगों में वे गुलाबी या लाल रंग के हो सकते हैं। एलर्जी की प्रतिक्रिया आमतौर पर जिम्मेदार होती है, हालांकि तनाव, बीमारी और घर्षण, जैसे तंग कपड़ों से, इसका कारण हो सकता है। पित्ती आमतौर पर गुच्छों में बनती है। वे शरीर के एक हिस्से में जा सकते हैं और दूसरे में फिर से प्रकट हो सकते हैं। उपचार में आमतौर पर एंटीहिस्टामाइन या कॉर्टिकोस्टेरॉइड शामिल होते हैं।

मानव पेपिलोमावायरस, जिसे एचपीवी के रूप में जाना जाता है, मस्से का कारण बनता है, जो संक्रामक होते हैं। ये धक्कों शरीर के किसी भी हिस्से पर, आमतौर पर हाथों, पैरों और जोड़ों पर दिखाई दे सकते हैं। वे किसी व्यक्ति की त्वचा के रंग के होते हैं या गहरे रंग के होते हैं। मस्से कभी-कभी अपने आप दूर हो जाते हैं, लेकिन त्वचा विशेषज्ञ उनके प्रकार और स्थान के आधार पर उन्हें हटाने की सलाह दे सकते हैं।

फंगल नाखून संक्रमण:

इसमें नाखूनों के पास, नीचे और आसपास फंगस का अतिवृद्धि शामिल है। आमतौर पर, यह टॉसिल्स को प्रभावित करता है। नाखूनों के किनारे उखड़ सकते हैं, और उनकी सतहों में सफेद-पीले रंग की स्केलिंग और फ्लेकिंग हो सकती है। विभिन्न प्रकार के कवक इस संक्रमण का कारण बन सकते हैं, और उपचार प्रकार पर निर्भर हो सकता है। डॉक्टर मौखिक या सामयिक दवाएं लिख सकते हैं। कुछ मामलों में, उन्हें प्रभावित नाखून को हटाने की आवश्यकता हो सकती है।

मुंह के छाले:

कोल्ड सोर एक लाल, द्रव से भरा छाला होता है। ये छाले आमतौर पर मुंह के पास दिखाई देते हैं और प्रभावित त्वचा में दर्द या नाजुकता महसूस हो सकती है। फफोले दिखाई देने से पहले, खुजली या जलन हो सकती है। दाद सिंप्लेक्स वायरस ठंड घावों का कारण बनता है, जो 2 सप्ताह तक रह सकता है, फिर समय-समय पर वापस आ सकता है। जबकि कोई इलाज नहीं है, विभिन्न उपचार प्रकोप को कम कर सकते हैं।

कैंडिडिआसिस:

कैंडिडा ऐल्बीकंस (Candida albicans) कवक की अतिवृद्धि इस समस्या का कारण बनती है, और जब यह त्वचा को प्रभावित करती है, तो इसे त्वचीय कैंडिडिआसिस या त्वचीय मोनिलियासिस कहा जाता है। क्षेत्रों में जलन हो सकती है और घाव या छोटे-छोटे दाने हो सकते हैं। कैंडिडिआसिस आमतौर पर त्वचा की सिलवटों में विकसित होता है, जैसे बगल या कमर के आसपास। कई बार इसका असर चेहरे पर भी पड़ता है। लोग आमतौर पर अपनी त्वचा की स्वच्छता को बढ़ाकर और एंटीबायोटिक दवाओं के अति प्रयोग से बचकर कैंडिडिआसिस को रोक सकते हैं। इसका इलाज करने के लिए, डॉक्टर एंटिफंगल और कॉर्टिकोस्टेरॉइड क्रीम लिख सकते हैं।

एथलीट फुटः

एथलीट फुट एक फंगल इन्फेक्शन है। जिम्मेदार कवक गर्म, नम स्थितियों में पनपता है, जैसे कि अंदर के स्नीकर्स। लक्षणों में शुष्क, खुजलीदार, छीलने वाली त्वचा शामिल हो सकती है। फफोले और रक्तस्राव भी हो सकता है, और पैर की उंगलियों के बीच या पैर के नीचे की त्वचा गीली, पीली, फटी या पपड़ीदार हो सकती है। डॉक्टर आमतौर पर एथलीट फुट का इलाज ऐंटिफंगल क्रीम या स्प्रे से करते हैं।

त्वचा कैंसरः

कैंसर में अनियंत्रित रूप से बढ़ने वाली कोशिकाएं शामिल हैं, और यह कहीं भी हो सकती है। जब यह त्वचा में शुरू होता है तो डॉक्टर इसे स्किन कैंसर या त्वचा कैंसर कहते हैं। यद्यपि त्वचा कैंसर जीवन के लिए खतरा हो सकता है, यदि चिकित्सक इस समस्या का शीघ्र निदान कर लेता है तो उपचार प्रभावी हो सकते हैं। ये कैंसर लंबे समय तक सूरज के संपर्क में रहने के बाद होते हैं। गहरी त्वचा अधिक मेलेनिन का उत्पादन करती है, जो त्वचा को हानिकारक सूरज की किरणों से अधिक सुरक्षा प्रदान करती है। फिर भी, अनुसंधान विश्वसनीय स्रोत से पता चलता है कि पीपल ऑफ़ कलर में त्वचा कैंसर का निदान बाद में किया जाता है। इससे चिकित्सा देखभाल में देरी होती है और मृत्यु की संभावना अधिक होती है।

कुछ त्वचा की स्थिति हानि रहित होती है, जबकि अन्य लक्षणों के साथ असुविधा और परेशानी का कारण बन सकती हैं। यह याद रखना महत्वपूर्ण है कि किसी को भी अपनी त्वचा की समस्याओं से अकेले नहीं निपटना है। एक डॉक्टर के साथ टीम बनाना, जैसे कि एक त्वचा विशेषज्ञ, एक सही निदान को सर्वोत्तम संभव उपचार योजना सुनिश्चित करने में मदद कर सकता है।

त्वचा विकारों का इलाज:

कई त्वचा विकारों का इलाज किया जा सकता है। त्वचा की स्थिति के लिए सामान्य उपचार विधियों में शामिल हैं:

एंटीहिस्टामाइन्स, औषधीय क्रीम और मलहम, एंटीबायोटिक्स, विटामिन या स्टेरॉयड इंजेक्शन,लेजर थेरेपी, लक्षित नुस्खे दवाएं आदि।

सभी त्वचा विकार उपचार का जवाब नहीं देते हैं। कुछ स्थितियां बिना इलाज के चली जाती हैं। स्थायी त्वचा की स्थिति वाले लोग अक्सर गंभीर लक्षणों के दौर से गुजरते हैं। कभी-कभी लोग लाइलाज स्थितियों को छूट में बदलने में सक्षम होते हैं। हालांकि, तनाव या बीमारी जैसे कुछ ट्रिगर्स के कारण अधिकांश त्वचा की स्थिति फिर से प्रकट होती है।

आप अक्सर त्वचा विकारों का इलाज कर सकते हैं जो अस्थायी और कॉस्मेटिक हैं:

मेडिकेटेड मेकअप

ओवर-द-काउंटर त्वचा देखभाल उत्पाद

अच्छी स्वच्छता प्रथाएं

छोटे जीवनशैली समायोजन, जैसे कि कुछ आहार परिवर्तन करना।

त्वचा विकारों की रोकथाम :

कुछ त्वचा विकारों को रोका नहीं जा सकता है, जिनमें आनुवंशिक स्थितियां और अन्य बीमारियों के कारण त्वचा की कुछ समस्याएं शामिल हैं। हालांकि, कुछ त्वचा विकारों को रोकना संभव है।

अपने हाथों को बार-बार साबुन और गर्म पानी से धोएं।

खाने के बर्तन और पीने का गिलास अन्य लोगों के साथ साझा करने से बचें।

संक्रमण वाले अन्य लोगों की त्वचा के सीधे संपर्क में आने से बचें।

सार्वजनिक जगहों पर चीजों को साफ करें, जैसे जिम के उपकरण, इस्तेमाल करने से पहले।

कंबल, हेयरब्रश या स्विमसूट जैसी निजी चीजें साझा न करें।

हर रात कम से कम सात घंटे की नींद जरूर लें।

खूब सारा पानी पीओ।

अत्यधिक शारीरिक या भावनात्मक तनाव से बचें।

पौष्टिक आहार लें।

चिकनपॉक्स जैसी संक्रामक त्वचा की स्थिति के लिए टीका लगवाएं।

गैर-संक्रामक त्वचा विकार, जैसे कि मुँहासे और एटोपिक जिल्द की सूजन, कभी-कभी रोके जा सकते हैं। रोकथाम तकनीक स्थिति के आधार पर भिन्न होती है। यहाँ कुछ गैर-संक्रामक त्वचा विकारों को रोकने के लिए कुछ सुझाव दिए गए हैं:

- अपने चेहरे को रोजाना किसी सौम्य क्लींजर और पानी से धोएं।
- मॉइस्चराइजर का इस्तेमाल करें।
- पर्यावरण और आहार संबंधी एलर्जी से बचें।
- कठोर रसायनों या अन्य अड़चनों के संपर्क में आने से बचें।
- हर रात कम से कम सात घंटे की नींद जरूर लें।
- खूब सारा पानी पीओ।
- स्वस्थ आहार लें।
- अपनी त्वचा को अत्यधिक ठंड, गर्मी और हवा से बचाएं।

त्वचा की उचित देखभाल और त्वचा विकारों के उपचार के बारे में सीखना त्वचा के स्वास्थ्य के लिए बहुत महत्वपूर्ण हो सकता है। कुछ स्थितियों में डॉक्टर के ध्यान की आवश्यकता होती है, जबकि आप दूसरों को घर पर सुरक्षित रूप से संबोधित कर सकते हैं। आपको अपने लक्षणों या स्थिति के बारे में जानना चाहिए और सर्वोत्तम उपचार विधियों को निर्धारित करने के लिए अपने डॉक्टर से बात करनी चाहिए।

पदार्थों, उत्पादों और गीले काम के सीधे संपर्क से बचें। यदि संभव हो तो, एक अलग सामग्री खोजें जो सुरक्षित हो और हानिकारक पदार्थ को कार्य स्थल से हटा दें। यदि नहीं, तो सुनिश्चित करें कि श्रमिकों के उपयोग के लिए दस्ताने उपलब्ध कराए गए हैं।

सुरक्षा दस्ताने जैसे पीपीई किट पहनकर और/या विशेष रूप से त्वचा की सुरक्षा के लिए प्री-वर्क बैरियर क्रीम का उपयोग करके अपनी त्वचा को संदूषण और/या जलन से बचाएं। सुनिश्चित करें कि आप पीने और/या खाने से पहले एक गुणवत्ता वाले हाथ क्लीनर से अपने हाथ धो लें जो औद्योगिक गंदगी को हटा देता है।

खुजली, सूखी, और/या लाल त्वचा जैसी स्थितियों की जाँच करें। इससे पहले कि वे बहुत गंभीर हो जाएं, आप जिल्द की सूजन और अन्य मुद्दों के शुरुआती लक्षण देख सकते हैं।

सैनिकों की त्वचा की देखभाल में स्वच्छता की भूमिका

व्यक्तिगत स्वच्छता में सुधार (पीएच) सार्वजनिक स्वास्थ्य में एक महत्वपूर्ण उपलब्धि रही है। स्वच्छता को उन राज्यों या गतिविधियों के रूप में परिभाषित किया जाता है जिनके द्वारा व्यक्ति अपने आस-पास की व्यक्तिगत स्वच्छता और स्वच्छता प्राप्त करके अच्छे स्वास्थ्य को बनाए रखता है या बढ़ावा देता है। स्वच्छता को दो मुख्य श्रेणियों में विभाजित किया जा सकता है: pH और पर्यावरणीय स्वच्छता। pH व्यवहार शरीर को धोने / साफ करने की गतिविधियाँ हैं जो त्वचा, बालों और नाखूनों को अच्छी स्थिति में रखती हैं, मौखिक स्वास्थ्य और आंख और कान की देखभाल पर ध्यान देती हैं, और साफ कपड़े बनाए रखती हैं जो संक्रामक रोगों के संचरण को रोकने में मदद करती हैं। PH में स्नान, हाथ धोना, कपड़े पहनना, संवारना और दैनिक जीवन की गतिविधियाँ जो स्वच्छता बनाए रखती हैं, जैसे व्यवहार शामिल हैं। अध्ययनों से पता चलता है कि खराब स्वच्छता अक्सर कई मनोवैज्ञानिक विकारों का कारण या परिणाम होती है। संक्रामक रोगों को रोकने के लिए अच्छे व्यक्तिगत स्वच्छता (पीएच) व्यवहार की सिफारिश की जाती है, और सैन्य बलों के सदस्यों को संक्रामक रोगों के अनुबंध के लिए उच्च जोखिम हो सकता है। आदर्श परिस्थितियों में सैनिकों को अच्छी

व्यक्तिगत स्वच्छता बनाए रखने के लिए रोजाना या सप्ताह में कम से कम एक बार स्नान करना चाहिए। बार-बार नहाना त्वचा के संक्रमण को रोकता है और संभावित परजीवी संक्रमण को रोकने में मदद करता है। जब शावर उपलब्ध न हों, तो रोजाना एक वॉशक्लॉथ और साबुन और पानी से धोने की सलाह दी जाती है।

स्वस्थ त्वचा के लिए सर्वश्रेष्ठ भोजन:

पोषण स्वास्थ्य के लिए महत्वपूर्ण है। आहार आपके चयापचय को नुकसान पहुंचा सकता है, वजन बढ़ा सकता है और यहां तक कि आपके दिल और यकृत जैसे अंगों को भी नुकसान पहुंचा सकता है। लेकिन आप जो खाते हैं वह दूसरे अंग को भी प्रभावित करता है - आपकी त्वचा! जैसा कि वैज्ञानिक आहार और शरीर के बारे में अधिक सीखते हैं, यह तेजी से स्पष्ट होता है कि आप जो खाते हैं वह आपकी त्वचा के स्वास्थ्य और उम्र बढ़ने को महत्वपूर्ण रूप से प्रभावित कर सकता है।

यहाँ आपकी त्वचा को स्वस्थ रखने के लिए सर्वोत्तम खाद्य पदार्थ दिए गए हैं:

[1] वसायुक्त मछली-

वसायुक्त मछली, जैसे सैल्मन, मैकेरल और हेरिंग, स्वस्थ त्वचा के लिए उत्कृष्ट खाद्य पदार्थ हैं। वे ओमेगा -3 फैटी एसिड के समृद्ध स्रोत हैं, जो त्वचा के स्वास्थ्य को बनाए रखने के लिए महत्वपूर्ण हैं। ओमेगा -3 फैटी एसिड त्वचा को मोटा, कोमल और नमीयुक्त बनाए रखने में मदद करने के लिए आवश्यक हैं। वास्तव में, ओमेगा -3 फैटी एसिड की कमी से त्वचा शुष्क हो सकती है। सैल्मन जैसी फैटी प्रकार की मछलियों में ओमेगा -3 फैटी एसिड होता है जो सूजन को कम कर सकता है और त्वचा को नमीयुक्त रख सकता है। वे उच्च गुणवत्ता वाले प्रोटीन, विटामिन ई और जिंक का भी एक अच्छा स्रोत हैं।

[2] एवोकैडो-

एवोकैडो फायदेमंद वसा में उच्च होते हैं और इसमें विटामिन ई और सी होते हैं, जो स्वस्थ त्वचा के लिए महत्वपूर्ण होते हैं। वे ऐसे यौगिकों को भी पैक करते हैं जो त्वचा को सूरज की क्षति से बचा सकते हैं।

[3] अखरोट-

अखरोट आवश्यक वसा, जस्ता, विटामिन ई, सेलेनियम और प्रोटीन का एक अच्छा स्रोत हैं - ये सभी पोषक तत्व हैं जो त्वचा को स्वस्थ रहने के लिए आवश्यक हैं।

[4] सूरजमुखी के बीज-

सामान्य तौर पर, नट और बीज त्वचा को बढ़ावा देने वाले पोषक तत्वों के अच्छे स्रोत होते हैं। सूरजमुखी के बीज विटामिन ई सहित पोषक तत्वों का एक उत्कृष्ट स्रोत हैं, जो त्वचा के लिए एक महत्वपूर्ण एंटीऑक्सीडेंट है।

[5] मीठे आलू-

शकरकंद बीटा कैरोटीन का एक उत्कृष्ट स्रोत है, जो एक प्राकृतिक सनब्लॉक के रूप में कार्य करता है और त्वचा को सूरज की क्षति से बचा सकता है।

[6] टमाटर-

टमाटर विटामिन सी और सभी प्रमुख कैरोटीनॉयड, विशेष रूप से लाइकोपीन का एक अच्छा स्रोत हैं। ये कैरोटेनॉयड्स त्वचा को सूरज की क्षति से बचाते हैं और झुर्रियों को रोकने में मदद कर सकते हैं।

[7] सोया-

सोया में आइसोफ्लेवोन्स होते हैं, जो पौधों के यौगिकों की एक श्रेणी है जो शरीर में एस्ट्रोजन की नकल या ब्लॉक कर सकते हैं। आइसोफ्लेवोन्स (Isoflavones) त्वचा सहित शरीर के कई हिस्सों को लाभ पहुंचा सकता है। ये आइसोफ्लेवोन्स न केवल शरीर के अंदर की कोशिकाओं को नुकसान से बचाने में मदद करते हैं बल्कि यूवी विकिरण से त्वचा को भी बचाते हैं - जो कुछ त्वचा कैंसर के खतरे को कम कर सकते हैं!

[8] डार्क चॉकलेट-

यदि आपको चॉकलेट खाने का एक और कारण चाहिए, तो यह है: आपकी त्वचा पर कोको के प्रभाव बहुत ही अद्भुत हैं। एक अन्य अध्ययन में पाया गया कि प्रतिदिन 20 ग्राम हाई-एंटीऑक्सिडेंट डार्क चॉकलेट खाने से आपकी त्वचा कम-एंटीऑक्सीडेंट वाली चॉकलेट खाने की तुलना में जलने से पहले दोगुने से अधिक यूवी विकिरण का सामना

कर सकती है। लाभ को अधिकतम करने के लिए कम से कम 70% कोको के साथ डार्क चॉकलेट चुनना सुनिश्चित करें और अतिरिक्त चीनी को कम से कम रखें।

आप जो खाते हैं वह आपकी त्वचा के स्वास्थ्य को महत्वपूर्ण रूप से प्रभावित कर सकता है। सुनिश्चित करें कि आपको अपनी त्वचा की सुरक्षा के लिए पर्याप्त आवश्यक पोषक तत्व मिल रहे हैं। आपकी त्वचा को स्वस्थ, मजबूत और आकर्षक बनाए रखने के लिए इस सूची के खाद्य पदार्थ बेहतरीन विकल्प हैं। विशेष रूप से भारतीय सैनिकों के लिए पहले अधिक से अधिक पानी पिये , क्योंकि आपके द्वारा तैनात किए गए हालात गर्म हो सकते हैं या ठंडे हो सकते हैं इसलिए उन स्थितियों में त्वचा की रोकथाम जरूरी है। इसलिए यदि संभव हो तो प्रशिक्षण से पहले या ड्यूटी पर जाने के लिए तैयार होने से पहले व्यापक स्पेक्ट्रम उच्च एसपीएफ़ सनस्क्रीन का उपयोग करें। ट्रेनिंग या ड्यूटी खत्म होने के बाद जल्दी से नहा लें, माइल्ड क्लींजर का इस्तेमाल करें। अगले दिन किसी भी धूप के संपर्क में आने से पहले फिर से सनस्क्रीन लगाएं, यह त्वचा को त्वचा के कैंसर से बचाता है।

हमारे आदरणीय सैनिकों से एक विनम्र निवेदन-

त्वचा के स्वास्थ्य के लिए अनुशासन की आवश्यकता होती है, और सैनिकों के पास इतना अनुशासन होता है जितना हम सभी जानते हैं, इसलिए अपने स्वास्थ्य और त्वचा के शासन को अपनी दिनचर्या का हिस्सा बनाने का प्रयास करें।

साइक डर्मेटोलॉजी: द माइंड एंड स्किन कनेक्शन

एक मानसिक त्वचा विज्ञान अव्यवस्था एक ऐसी स्थिति हो सकती है जो निर्णय क्षमताओं और त्वचा के बीच एक बातचीत को समेकित करती है। साइक डर्माटोलोगिक डिसअरेंज्स तीन श्रेणियों में आते हैं: साइकोफिजियोलॉजिकल क्लटर, आवश्यक साइकियाट्रिक डिसअरेंजमेंट और सहयोगी साइकियाट्रिक डिसअरेंज। साइकोफिजियोलॉजिकल अव्यवस्थाएं (जैसे, सोरायसिस और डर्मेटाइटिस) त्वचा के मुद्दों से संबंधित हैं जो विशेष रूप से निर्णय योग्यता से संबंधित नहीं हैं, लेकिन जो उत्तेजित अवस्थाओं का जवाब

देते हैं, जैसे कि बढ़ाना। मौलिक मनोरोग विकार मानसिक स्थितियों में शामिल हो जाते हैं, जिसके परिणामस्वरूप स्व-प्रेरित त्वचीय उपस्थिति होती है, जैसे कि ट्राइकोटिलोमेनिया और पैरासाइटोसिस की कल्पनाएँ। दाहिने हाथ के मनोरोग संबंधी अव्यवस्थाएं त्वचा की अव्यवस्थाओं से संबंधित हैं। विकृति लगभग मनोवैज्ञानिक मुद्दों में आती है, जैसे कम आत्मसम्मान, खेद महसूस करना या सामाजिक भय। अधिकांश मानसिक त्वचाविज्ञान संबंधी विकारों का इलाज चिंता-घटती तकनीकों या असाधारण मामलों में, कार्रवाई के मनोदैहिक पाठ्यक्रमों के साथ किया जा सकता है।

मस्तिष्क-त्वचा गठबंधन को जानना:

आपके सबसे महत्वपूर्ण अंग के रूप में, आपकी त्वचा आपको बाहरी दुनिया से गारंटी देती है, आपके आंतरिक अंगों का निरीक्षण करती है, आपके सुरक्षित तंत्र में एक विशाल आवंटन की भूमिका निभाती है, और आपको मलिनता से बचाती है। यह आपकी त्वचा को हाइड्रेट रखने, आपके शरीर के तापमान को नियंत्रित करने, आपके शरीर से मैनहैंडल और मेटाबोलाइट्स को डिटॉक्सीफाई करने, और अपने विशिष्ट तंत्रिका किस्में के साथ, आपको पीड़ा और आकर्षण महसूस करने के लिए लाइसेंस देता है। ऐसा नहीं है क्योंकि यह विटामिन डी जैसे हार्मोन का उत्पादन करता था, यह नियंत्रित करने में खेलने के लिए आवंटित करता है।

सचिन चंद्रकुमार नरवडिया

आभार : https://www.pexels.com/

3

कैंसर और सैनिक स्वास्थ्य

कैंसर के बारे में जानने से पहले लोगों को कोशिका के बारे में संक्षेप में जान लेना चाहिए। सेल जीवन की एक संरचनात्मक और मौलिक इकाई है जैसा कि हम सभी अपने स्कूल के समय में पेश करते हैं। इस कोशिका में एक पदार्थ होता है जिसे जीन कहा जाता है और जीन डीएनए के हिस्से होते हैं जो की अनुवांशिक गुण माता-पिता से बच्चो में ले जाने के लिये जिम्मेदार होते हैं। कई जीन मिलकर डीएनए में रहते हैं और कइ डीएनए मिलकर क्रोमोसोम में हर कोशिका के अंदर होते हैं। डीएनए, या डीऑक्सीराइबोन्यूक्लिक एसिड, मनुष्यों और लगभग सभी अन्य जीवों में वंशानुगत सामग्री है। अब वापस आते हैं कैंसर की परिभाषा के बारे में, तो कैंसर तब शुरू होता है जब एक या एक से अधिक कोशिकाओं के जीन में कुछ परिवर्तन होता है। कुछ जीन कोशिका को बताते हैं कि क्या करना है और कब विभाजित करना है, लेकिन जब ये जीन क्षतिग्रस्त हो जाते हैं, तो कोशिका एक कैंसर कोशिका बन सकती है, और यह उस तरह से काम नहीं करती जैसा उसे करना चाहिए। एक बार कैंसर शुरू होने के बाद, यह नियंत्रण से बाहर हो जाती है, सामान्य कोशिकाओं को बाहर निकाल सकती है, और सामान्य कोशिकाओं को वह करने से रोक सकती है जो उन्हें करना चाहिए। हर साल विश्व कैंसर दिवस 4

फरवरी को मनाया जाता है। इस दिवस को मनाने का प्राथमिक उद्देश्य कैंसर रोगियों की संख्या को कम करना और इसके कारण होने वाली मृत्यु दर को कम करना है। डब्ल्यूएचओ (विश्व स्वास्थ्य संगठन) के अनुसार कैंसर दुनिया भर में मौत का एक प्रमुख कारण है, 2020 में लगभग 10 लाख लोगों की मौत या छह में से लगभग एक मौत का कारण है। भारतीय चिकित्सा अनुसंधान परिषद (ICMR) द्वारा जारी राष्ट्रीय कैंसर रजिस्ट्री कार्यक्रम रिपोर्ट 2020 का अनुमान है कि 2020 में भारत में कैंसर के 13.9 लाख मामले होंगे, और यह संख्या 2025 तक बढ़कर 15.7 लाख होने की संभावना है! सबसे आम कैंसर स्तन, फेफड़े, बृहदान्त्र, मलाशय और प्रोस्टेट कैंसर हैं। कैंसर से होने वाली लगभग एक तिहाई मौतें तंबाकू के सेवन, उच्च बॉडी मास इंडेक्स, शराब का सेवन, कम फल और सब्जियों का सेवन और शारीरिक गतिविधि की कमी के कारण होती हैं। मानव पेपिलोमावायरस (एचपीवी) और हेपेटाइटिस जैसे कैंसर पैदा करने वाले संक्रमण आदी शामिल हैं । निम्न और निम्न-मध्यम आय वाले देशों में लगभग 30% कैंसर के मामलों के लिए जिम्मेदार हैं। ज्यादातर कैंसर को ठीक किया जा सकता है अगर जल्दी पता चल जाए और प्रभावी ढंग से इलाज किया जाए। कैंसर कहाँ से शुरू हो सकता है? कैंसर कोशिकाएं शरीर में कहीं भी बन सकती हैं, जिसमें अंग, मांसपेशियां, हड्डियां और रक्त शामिल हैं। कैंसर का नाम आमतौर पर शरीर के उस हिस्से या कोशिका के प्रकार के लिए रखा जाता है जहां यह शुरू हुआ था। उदाहरण के लिए, स्तन में शुरू होने वाले कैंसर को स्तन कैंसर कहा जाता है। भले ही यह शरीर के अन्य भागों में फैल जाए, फिर भी इसे स्तन कैंसर कहा जाता है। शरीर के अन्य भागों में फैलने में सक्षम होने के कारण कैंसर कोशिकाएं सामान्य कोशिकाओं से भिन्न होती हैं। इस प्रसार को मेटास्टेसिस कहा जाता है। ये कैंसर कोशिकाएं लिम्फ नोड्स या शरीर के अन्य अंगों में समाप्त हो सकती हैं, जिससे शरीर के सामान्य कार्यों में समस्या हो सकती है। कुछ प्रकार के कैंसर तेजी से बढ़ते और फैलते हैं। अन्य अधिक धीरे-धीरे बढ़ते हैं। कुछ के शरीर के अन्य भागों में फैलने की संभावना अधिक होती है। ट्यूमर क्या है? ट्यूमर शरीर के ऊतकों की असामान्य वृद्धि

है। ट्यूमर कैंसर (घातक) या गैर-कैंसरयुक्त (सौम्य) हो सकता है सामान्य तौर पर, ट्यूमर तब होता है जब शरीर में कोशिकाएं विभाजित होती हैं और अत्यधिक बढ़ती हैं। आम तौर पर, शरीर कोशिका वृद्धि और विभाजन को नियंत्रित करता है। पुरानी कोशिकाओं को बदलने या नए कार्य करने के लिए नई कोशिकाओं का निर्माण किया जाता है। कोशिकाएं जो क्षतिग्रस्त हैं या जिनकी अब आवश्यकता नहीं है, स्वस्थ प्रतिस्थापन के लिए जगह बनाने के लिए मर जाती हैं। यदि कोशिका वृद्धि और मृत्यु का संतुलन गड़बड़ा जाता है, तो एक ट्यूमर बन सकता है। शरीर की प्रतिरक्षा प्रणाली की समस्याएं ट्यूमर का कारण बन सकती हैं। तंबाकू किसी भी अन्य पर्यावरणीय पदार्थ की तुलना में कैंसर से अधिक मौतों का कारण बनता है। कैंसर के अन्य जोखिम कारकों में शामिल हैं: बेंजीन और अन्य रसायन और विषाक्त पदार्थ ज्यादा शराब पीना पर्यावरण विषाक्त पदार्थ, जैसे कुछ जहरीले मशरूम और एक प्रकार का जहर जो मूंगफली के पौधों (एफ्लाटॉक्सिन) पर उग सकता है अत्यधिक धूप के संपर्क में आना आनुवंशिक समस्याएं मोटापा विकिरण अनावरण वायरस ट्यूमर के प्रकार जो वायरस के कारण या उससे जुड़े होने के लिए जाने जाते हैं, वे हैं: बर्किट लिंफोमा (एपस्टीन-बार वायरस) सर्वाइकल कैंसर (ह्यूमन पैपिलोमावायरस) अधिकांश गुदा कैंसर (ह्यूमन पैपिलोमावायरस) कुछ गले के कैंसर, जिनमें नरम तालू, जीभ का आधार और टॉन्सिल शामिल हैं (ह्यूमन पैपिलोमावायरस) कुछ योनि, वुल्वर और पेनाइल कैंसर (ह्यूमन पैपिलोमावायरस) कुछ लीवर कैंसर (हेपेटाइटिस बी और हेपेटाइटिस सी वायरस) कपोसी सरकोमा (ह्यूमन हर्पीसवायरस 8) वयस्क टी-सेल ल्यूकेमिया/लिम्फोमा (मानव टी-लिम्फोट्रोपिक वायरस-1) मर्केल सेल कार्सिनोमा (मेर्केल सेल पॉलीओमावायरस) नासोफेरींजल कैंसर (एपस्टीन-बार वायरस) कुछ ट्यूमर एक लिंग में दूसरे की तुलना में अधिक आम हैं। कुछ बच्चों या बड़े वयस्कों में अधिक आम हैं। अन्य आहार, पर्यावरण और पारिवारिक इतिहास से संबंधित हैं। कैंसर का कारण क्या है? कैंसर कोशिकाओं के भीतर डीएनए में परिवर्तन (म्यूटेशन) के कारण होता है। एक सेल के अंदर डीएनए को बड़ी संख्या

में अलग-अलग जीनों में पैक किया जाता है, जिनमें से प्रत्येक में निर्देशों का एक सेट होता है जो कोशिका को बताता है कि क्या कार्य करना है, साथ ही साथ कैसे बढ़ना और विभाजित करना है। निर्देशों में त्रुटि के कारण कोशिका अपना सामान्य कार्य करना बंद कर सकती है और कोशिका को कैंसरयुक्त बनने की अनुमति दे सकती है। निवारण डॉक्टरों ने आपके कैंसर के जोखिम को कम करने के कई तरीकों की पहचान की है, जैसे: धूम्रपान बंद करें: यदि आप धूम्रपान करते हैं, तो छोड़ दें। यदि आप धूम्रपान नहीं करते हैं, तो शुरू न करें। धूम्रपान कई प्रकार के कैंसर से जुड़ा हुआ है - सिर्फ फेफड़ों का कैंसर ही नहीं। अभी रुकने से भविष्य में आपके कैंसर का खतरा कम हो जाएगा। अत्यधिक धूप से बचें: सूरज से आने वाली हानिकारक पराबैंगनी (यूवी) किरणें आपकी त्वचा के कैंसर के खतरे को बढ़ा सकती हैं। छाया में रहकर, सुरक्षात्मक कपड़े पहनकर या सनस्क्रीन लगाकर अपने सूर्य के संपर्क को सीमित करें। स्वस्थ आहार लें: फलों और सब्जियों से भरपूर आहार चुनें। साबुत अनाज और दुबले प्रोटीन का चयन करें। प्रसंस्कृत मांस का सेवन सीमित करें। सप्ताह के अधिकांश दिनों में व्यायाम करें: नियमित व्यायाम से कैंसर का खतरा कम होता है। सप्ताह के अधिकांश दिनों में कम से कम 30 मिनट के व्यायाम का लक्ष्य रखें। यदि आप नियमित रूप से व्यायाम नहीं कर रहे हैं, तो धीरे-धीरे शुरू करें और 30 मिनट या उससे अधिक समय तक अपना काम करें। स्वस्थ वजन बनाए रखें: अधिक वजन या मोटापा होने से आपके कैंसर का खतरा बढ़ सकता है। स्वस्थ आहार और नियमित व्यायाम के संयोजन के माध्यम से स्वस्थ वजन प्राप्त करने और बनाए रखने के लिए कार्य करें। यदि आप शराब पीना चुनते हैं, तो इसे संयम से करें। स्वस्थ वयस्कों के लिए, इसका मतलब है कि महिलाओं के लिए एक दिन में एक पेय तक और पुरुषों के लिए एक दिन में दो पेय तक। कैंसर स्क्रीनिंग परीक्षा शेड्यूल करें। अपने जोखिम कारकों के आधार पर अपने डॉक्टर से बात करें कि आपके लिए किस प्रकार की कैंसर स्क्रीनिंग परीक्षाएं सर्वोत्तम हैं। कुछ वायरस आपके कैंसर के खतरे को बढ़ाते हैं। टीकाकरण उन वायरस को रोकने में मदद कर सकता है, जिसमें हेपेटाइटिस बी शामिल है, जो यकृत

कैंसर के खतरे को बढ़ाता है, और मानव पेपिलोमावायरस (एचपीवी), जो गर्भाशय ग्रीवा के कैंसर और अन्य कैंसर के खतरे को बढ़ाता है। कैंसर कैसे पाया जाता है? कुछ कैंसर तब पाए जाते हैं जब किसी व्यक्ति में ऐसे लक्षण होते हैं जो दूर नहीं होते हैं। अन्य कैंसर तब पाए जाते हैं जब कोई व्यक्ति नियमित रूप से स्क्रीनिंग टेस्ट करवाता है। स्क्रीनिंग किसी व्यक्ति के लक्षण होने से पहले कुछ कैंसर का पता लगाने में मदद कर सकती है, जब कैंसर छोटा होता है और इलाज में आसान होता है। कैंसर की अवस्था का क्या अर्थ है? अधिकांश प्रकार के कैंसर के लिए, यह देखने के लिए परीक्षण किए जाते हैं कि यह कितना बड़ा है, यदि यह जहां से शुरू हुआ है, उसके बाहर विकसित हुआ है, और यदि यह शरीर के अन्य भागों में फैल गया है। इन्हे कैंसर का चरण कहा जाता है। एक चरण 0 भी है, जिसका अर्थ है कि क्षतिग्रस्त कोशिकाएं अभी भी केवल कोशिकाओं की परत में हैं जहां उन्होंने शुरू किया था। चरण 0 कोशिकाएं कैंसर नहीं हैं, लेकिन कैंसर बन सकती हैं क्योंकि वे क्षतिग्रस्त हैं। कैंसर का चरण महत्वपूर्ण है, क्योंकि यह डॉक्टरों को यह जानने में मदद करता है कि कौन सा उपचार सबसे अच्छा है। कुछ प्रकार के कैंसर के लिए, यह देखने के लिए कैंसर कोशिकाओं पर अतिरिक्त परीक्षण किए जाते हैं कि क्या उनमें जीन या प्रोटीन परिवर्तन हैं? जो कुछ उपचारों को बेहतर बना सकते हैं। कैंसर का इलाज कैसे किया जाता है? कैंसर का इलाज सर्जरी, विकिरण, दवाओं और अन्य उपचारों का उपयोग कैंसर को ठीक करने, कैंसर को कम करने या कैंसर की प्रगति को रोकने के लिए किया जाता है। कई कैंसर उपचार मौजूद हैं। एक विशेष स्थिति के आधार पर, जो एक उपचार प्राप्त करता है या उपचारों का एक संयोजन प्राप्त कर सकता है। कैंसर के उपचार का लक्ष्य कैंसर को ठीक करना है, जिससे एक सामान्य जीवन काल जीने की अनुमति मिलती है। विशिष्ट स्थिति के आधार पर यह संभव हो भी सकता है और नहीं भी। यदि कोई इलाज संभव नहीं है, तो उपचार का उपयोग कैंसर को कम करने या कैंसर के विकास को धीमा करने के लिए किया जा सकता है ताकि यथासंभव लंबे समय तक एक जीवित लक्षण मुक्त हो सके। कैंसर के उपचार के रूप में इस्तेमाल किया जा सकता है: प्राथमिक

उपचार: प्राथमिक उपचार का लक्ष्य शरीर से कैंसर को पूरी तरह से हटाना या सभी कैंसर कोशिकाओं को मारना है। किसी भी कैंसर उपचार को प्राथमिक उपचार के रूप में इस्तेमाल किया जा सकता है, लेकिन सबसे आम प्रकार के कैंसर के लिए सबसे आम प्राथमिक कैंसर उपचार सर्जरी है। यदि कैंसर विकिरण चिकित्सा या कीमोथेरेपी के प्रति विशेष रूप से संवेदनशील है, तो इसे प्राथमिक उपचार के रूप में उन उपचारों में से एक प्राप्त किया जा सकता है। सहायक उपचार: सहायक चिकित्सा का लक्ष्य किसी भी कैंसर कोशिकाओं को मारना है जो प्राथमिक उपचार के बाद रह सकती हैं ताकि कैंसर की पुनरावृत्ति होने की संभावना कम हो सके। किसी भी कैंसर उपचार का उपयोग सहायक चिकित्सा के रूप में किया जा सकता है। सामान्य सहायक उपचारों में कीमोथेरेपी, विकिरण चिकित्सा और हार्मोन थेरेपी शामिल हैं। नुओएद्जुवंट थेरेपी समान है, लेकिन प्राथमिक उपचार को आसान या अधिक प्रभावी बनाने के लिए प्राथमिक उपचार से पहले उपचार का उपयोग किया जाता है। उपशामक उपचार: उपशामक उपचार उपचार के दुष्प्रभावों या कैंसर के कारण होने वाले लक्षणों और लक्षणों को दूर करने में मदद कर सकते हैं। लक्षणों को दूर करने के लिए सर्जरी, विकिरण, कीमोथेरेपी और हार्मोन थेरेपी सभी का उपयोग किया जा सकता है। अन्य दवाएं दर्द और सांस की तकलीफ जैसे लक्षणों से राहत दे सकती हैं। उपशामक उपचार का उपयोग उसी समय किया जा सकता है जब कैंसर को ठीक करने के लिए अन्य उपचारों का उपयोग किया जाता है। कैंसर के उपचार के विकल्पों में शामिल हैं: सर्जरी: सर्जरी का लक्ष्य कैंसर या जितना संभव हो उतना कैंसर को दूर करना है। कीमोथेरेपी: कीमोथेरेपी कैंसर कोशिकाओं को मारने के लिए दवाओं का उपयोग करती है। विकिरण चिकित्सा: विकिरण चिकित्सा कैंसर कोशिकाओं को मारने के लिए उच्च शक्ति वाले ऊर्जा बीम, जैसे एक्स-रे या प्रोटॉन का उपयोग करती है। विकिरण उपचार आपके शरीर के बाहर एक मशीन (बाहरी बीम विकिरण) से आ सकता है, या इसे आपके शरीर (ब्रेकीथेरेपी) के अंदर रखा जा सकता है। बोन मैरो ट्रांसप्लांट: बोन मैरो आपकी हड्डियों के अंदर की वह सामग्री है जो ब्लड स्टेम सेल से ब्लड सेल्स (रक्त

कोशिका) बनाती है। बोन मैरो ट्रांसप्लांट, जिसे स्टेम सेल ट्रांसप्लांट के रूप में भी जाना जाता है, आपकी खुद की बोन मैरो स्टेम सेल या डोनर से ली गई कोशिकाओं का उपयोग कर सकता है। अस्थि मज्जा प्रत्यारोपण आपके डॉक्टर को आपके कैंसर के इलाज के लिए कीमोथेरेपी की उच्च खुराक का उपयोग करने की अनुमति देता है। इसका उपयोग रोगग्रस्त अस्थि मज्जा को बदलने के लिए भी किया जा सकता है। इम्यूनोथेरेपी: इम्यूनोथेरेपी, जिसे जैविक चिकित्सा के रूप में भी जाना जाता है, कैंसर से लड़ने के लिए आपके शरीर की प्रतिरक्षा प्रणाली का उपयोग करती है। कैंसर आपके शरीर में अनियंत्रित रूप से जीवित रह सकता है क्योंकि आपकी प्रतिरक्षा प्रणाली इसे घुसपैठिए के रूप में नहीं पहचानती है। इम्यूनोथेरेपी आपकी प्रतिरक्षा प्रणाली को कैंसर को "देखने" और उस पर हमला करने में मदद कर सकती है। हार्मोन थेरेपी: कुछ प्रकार के कैंसर आपके शरीर के हार्मोन द्वारा संचालित होते हैं। उदाहरणों में स्तन कैंसर और प्रोस्टेट कैंसर शामिल हैं। शरीर से उन हार्मोन को हटाने या उनके प्रभाव को अवरुद्ध करने से कैंसर की कोशिकाओं का बढ़ना बंद हो सकता है। लक्षित दवा उपचार: लक्षित दवा उपचार कैंसर कोशिकाओं के भीतर विशिष्ट असामान्यताओं पर ध्यान केंद्रित करता है जो उन्हें जीवित रहने की अनुमति देता है। क्रायोएब्लेशन: यह उपचार सर्दी के साथ कैंसर कोशिकाओं को मारता है। क्रायोब्लेशन के दौरान, आपकी त्वचा के माध्यम से और सीधे कैंसर के ट्यूमर में एक पतली, छड़ी जैसी सुई (क्रायोप्रोब) डाली जाती है। ऊतक को जमने के लिए क्रायोप्रोब में एक गैस पंप की जाती है। फिर ऊतक को गलने दिया जाता है। कैंसर कोशिकाओं को मारने के लिए एक ही उपचार सत्र के दौरान ठंड और विगलन प्रक्रिया को कई बार दोहराया जाता है। रेडियोफ्रीक्वेंसी एब्लेशन: यह उपचार कैंसर कोशिकाओं को गर्म करने के लिए विद्युत ऊर्जा का उपयोग करता है, जिससे वे मर जाते हैं। रेडियोफ्रीक्वेंसी एब्लेशन के दौरान, एक डॉक्टर त्वचा के माध्यम से या चीरा के माध्यम से और कैंसर के ऊतकों में एक पतली सुई का मार्गदर्शन करता है। उच्च-आवृत्ति ऊर्जा सुई से होकर गुजरती है और आसपास के ऊतकों को गर्म करने का कारण बनती है, जिससे आस-

पास की कोशिकाएं मर जाती हैं। सैनिकों के लिए कैंसर के व्यावसायिक खतरे एक सैनिक एक मजबूत दुश्मन से लड़ना पसंद करता है, इसलिए कोई फर्क नहीं पड़ता कि यह दुश्मन कैंसर के रूप में है। वयोवृद्धों में सालाना लगभग 40,000 नए कैंसर के मामले सामने आते हैं। जैसे-जैसे वयोवृद्ध आबादी बढ़ती जा रही है, यह संख्या बढ़ती रहेगी। यह सैन्य सेवा का एक अप्रत्याशित जोखिम है। एक सैनिक शायद 20 साल बाद, रसायनों या विकिरण के संपर्क में आने के परिणामस्वरूप जीवन-धमकाने वाले कैंसर के विकास के अपने जोखिम के बारे में नहीं सोचता। कई सैन्य व्यावसायिक विशिष्टताओं में विशिष्ट, अद्वितीय जोखिम होते हैं जो खतरनाक विषाक्त पदार्थों के संपर्क में आने की संभावना को बढ़ाते हैं। इन जोखिमों में एस्बेस्टस के संपर्क में आना शामिल हो सकता है; रासायनिक हथियार एजेंट; हवा, पानी या मिट्टी में विशिष्ट पर्यावरणीय खतरे; और परमाणु विकिरण। एक अच्छी जीवनशैली और स्वस्थ जीवन के साथ शारीरिक व्यायाम कैंसर को रोकने में सहायक है। निदान और उपचार कार्यक्रम के प्रभावी होने के लिए, इसे कभी भी अलगाव में विकसित नहीं किया जाना चाहिए। इसे एक प्रारंभिक पहचान कार्यक्रम से जोड़ने की आवश्यकता है ताकि प्रारंभिक चरण में मामलों का पता लगाया जा सके, जब उपचार अधिक प्रभावी हो और इलाज की अधिक संभावना हो। इसे एक उपशामक देखभाल कार्यक्रम के साथ एकीकृत करने की भी आवश्यकता है, ताकि उन्नत कैंसर के रोगी, जो अब उपचार से लाभ नहीं उठा सकते हैं, उन्हें अपनी शारीरिक, मनोसामाजिक और आध्यात्मिक पीड़ा से पर्याप्त राहत मिल सके। इसके अलावा, कार्यक्रमों में कैंसर के जोखिम कारकों के बारे में रोगियों, परिवार और समुदाय के सदस्यों को शिक्षित करने और कैंसर के विकास से बचने के लिए निवारक उपाय करने की आवश्यकता के बारे में जागरूकता बढ़ाने वाला घटक शामिल होना चाहिए।

कैंसर के बारे में जानने से पहले लोगों को कोशिका के बारे में संक्षेप में जान लेना चाहिए। सेल जीवन की एक संरचनात्मक और मौलिक इकाई है जैसा कि हम सभी अपने स्कूल के समय में पेश करते हैं। इस कोशिका में एक पदार्थ होता है जिसे जीन कहा जाता है और जीन डीएनए

के हिस्से होते हैं जो की अनुवांशिक गुण माता-पिता से बच्चों में ले जाने के लिये जिम्मेदार होते हैं। कई जीन मिलकर डीएनए में रहते हैं और कई डीएनए मिलकर क्रोमोसोम में हर कोशिका के अंदर होते हैं। डीएनए, या डीऑक्सीराइबोन्यूक्लिक एसिड, मनुष्यों और लगभग सभी अन्य जीवों में वंशानुगत सामग्री है।

अब वापस आते हैं कैंसर की परिभाषा के बारे में, तो कैंसर तब शुरू होता है जब एक या एक से अधिक कोशिकाओं के जीन में कुछ परिवर्तन होता है। कुछ जीन कोशिका को बताते हैं कि क्या करना है और कब विभाजित करना है, लेकिन जब ये जीन क्षतिग्रस्त हो जाते हैं, तो कोशिका एक कैंसर कोशिका बन सकती है, और यह उस तरह से काम नहीं करती जैसा उसे करना चाहिए। एक बार कैंसर शुरू होने के बाद, यह नियंत्रण से बाहर हो जाती है, सामान्य कोशिकाओं को बाहर निकाल सकती है, और सामान्य कोशिकाओं को वह करने से रोक सकती है जो उन्हें करना चाहिए। हर साल विश्व कैंसर दिवस 4 फरवरी को मनाया जाता है। इस दिवस को मनाने का प्राथमिक उद्देश्य कैंसर रोगियों की संख्या को कम करना और इसके कारण होने वाली मृत्यु दर को कम करना है।

डब्ल्यूएचओ (विश्व स्वास्थ्य संगठन) के अनुसार कैंसर दुनिया भर में मौत का एक प्रमुख कारण है, 2020 में लगभग 10 लाख लोगों की मौत या छह में से लगभग एक मौत का कारण है। भारतीय चिकित्सा अनुसंधान परिषद (ICMR) द्वारा जारी राष्ट्रीय कैंसर रजिस्ट्री कार्यक्रम रिपोर्ट 2020 का अनुमान है कि 2020 में भारत में कैंसर के 13.9 लाख मामले होंगे, और यह संख्या 2025 तक बढ़कर 15.7 लाख होने की संभावना है! सबसे आम कैंसर स्तन, फेफड़े, बृहदान्त्र, मलाशय और प्रोस्टेट कैंसर हैं। कैंसर से होने वाली लगभग एक तिहाई मौतें तंबाकू के सेवन, उच्च बॉडी मास इंडेक्स, शराब का सेवन, कम फल और सब्जियों का सेवन और शारीरिक गतिविधि की कमी के कारण होती हैं। मानव पेपिलोमावायरस (एचपीवी) और हेपेटाइटिस जैसे कैंसर पैदा करने वाले संक्रमण आदी शामिल हैं । निम्न और निम्न-मध्यम आय वाले देशों में लगभग 30% कैंसर के मामलों के लिए जिम्मेदार हैं।

ज्यादातर कैंसर को ठीक किया जा सकता है अगर जल्दी पता चल जाए और प्रभावी ढंग से इलाज किया जाए।

कैंसर कहाँ से शुरू हो सकता है?

कैंसर कोशिकाएं शरीर में कहीं भी बन सकती हैं, जिसमें अंग, मांसपेशियां, हड्डियां और रक्त शामिल हैं। कैंसर का नाम आमतौर पर शरीर के उस हिस्से या कोशिका के प्रकार के लिए रखा जाता है जहां यह शुरू हुआ था। उदाहरण के लिए, स्तन में शुरू होने वाले कैंसर को स्तन कैंसर कहा जाता है। भले ही यह शरीर के अन्य भागों में फैल जाए, फिर भी इसे स्तन कैंसर कहा जाता है। शरीर के अन्य भागों में फैलने में सक्षम होने के कारण कैंसर कोशिकाएं सामान्य कोशिकाओं से भिन्न होती हैं। इस प्रसार को मेटास्टेसिस कहा जाता है। ये कैंसर कोशिकाएं लिम्फ नोड्स या शरीर के अन्य अंगों में समाप्त हो सकती हैं, जिससे शरीर के सामान्य कार्यों में समस्या हो सकती है। कुछ प्रकार के कैंसर तेजी से बढ़ते और फैलते हैं। अन्य अधिक धीरे-धीरे बढ़ते हैं। कुछ के शरीर के अन्य भागों में फैलने की संभावना अधिक होती है।

ट्यूमर क्या है?

ट्यूमर शरीर के ऊतकों की असामान्य वृद्धि है। ट्यूमर कैंसर (घातक) या गैर-कैंसरयुक्त (सौम्य) हो सकता है सामान्य तौर पर, ट्यूमर तब होता है जब शरीर में कोशिकाएं विभाजित होती हैं और अत्यधिक बढ़ती हैं। आम तौर पर, शरीर कोशिका वृद्धि और विभाजन को नियंत्रित करता है। पुरानी कोशिकाओं को बदलने या नए कार्य करने के लिए नई कोशिकाओं का निर्माण किया जाता है। कोशिकाएं जो क्षतिग्रस्त हैं या जिनकी अब आवश्यकता नहीं है, स्वस्थ प्रतिस्थापन के लिए जगह बनाने के लिए मर जाती हैं। यदि कोशिका वृद्धि और मृत्यु का संतुलन गड़बड़ा जाता है, तो एक ट्यूमर बन सकता है। शरीर की प्रतिरक्षा प्रणाली की समस्याएं ट्यूमर का कारण बन सकती हैं। तंबाकू किसी भी अन्य पर्यावरणीय पदार्थ की तुलना में कैंसर से अधिक मौतों का कारण बनता है। कैंसर के अन्य जोखिम कारकों में शामिल हैं:

बेंजीन और अन्य रसायन और विषाक्त पदार्थ

ज्यादा शराब पीना

पर्यावरण विषाक्त पदार्थ, जैसे कुछ जहरीले मशरूम और एक प्रकार का जहर जो मूंगफली के पौधों (एफ्लाटॉक्सिन) पर उग सकता है

अत्यधिक धूप के संपर्क में आना

आनुवंशिक समस्याएं

मोटापा

विकिरण अनावरण

वायरस

ट्यूमर के प्रकार जो वायरस के कारण या उससे जुड़े होने के लिए जाने जाते हैं, वे हैं:

बर्किट लिंफोमा (एपस्टीन-बार वायरस)

सर्वाइकल कैंसर (ह्यूमन पैपिलोमावायरस)

अधिकांश गुदा कैंसर (ह्यूमन पैपिलोमावायरस)

कुछ गले के कैंसर, जिनमें नरम तालू, जीभ का आधार और टॉन्सिल शामिल हैं (ह्यूमन पैपिलोमावायरस)

कुछ योनि, वुल्वर और पेनाइल कैंसर (ह्यूमन पैपिलोमावायरस)

कुछ लीवर कैंसर (हेपेटाइटिस बी और हेपेटाइटिस सी वायरस)

कपोसी सरकोमा (ह्यूमन हर्पीसवायरस 8)

वयस्क टी-सेल ल्यूकेमिया/लिम्फोमा (मानव टी-लिम्फोट्रोपिक वायरस-1)

मर्केल सेल कार्सिनोमा (मेर्केल सेल पॉलीओमावायरस)

नासोफेरींजल कैंसर (एपस्टीन-बार वायरस)

कुछ ट्यूमर एक लिंग में दूसरे की तुलना में अधिक आम हैं। कुछ बच्चों या बड़े वयस्कों में अधिक आम हैं। अन्य आहार, पर्यावरण और पारिवारिक इतिहास से संबंधित हैं।

कैंसर का कारण क्या है?

कैंसर कोशिकाओं के भीतर डीएनए में परिवर्तन (म्यूटेशन) के कारण होता है। एक सेल के अंदर डीएनए को बड़ी संख्या में अलग-अलग जीनों में पैक किया जाता है, जिनमें से प्रत्येक में निर्देशों का एक सेट होता है जो कोशिका को बताता है कि क्या कार्य करना है, साथ ही साथ कैसे बढ़ना और विभाजित करना है। निर्देशों में त्रुटि के कारण

कोशिका अपना सामान्य कार्य करना बंद कर सकती है और कोशिका को कैंसरयुक्त बनने की अनुमति दे सकती है।

निवारण:

डॉक्टरों ने आपके कैंसर के जोखिम को कम करने के कई तरीकों की पहचान की है, जैसे:

धूम्रपान बंद करें: यदि आप धूम्रपान करते हैं, तो छोड़ दें। यदि आप धूम्रपान नहीं करते हैं, तो शुरू न करें। धूम्रपान कई प्रकार के कैंसर से जुड़ा हुआ है - सिर्फ फेफड़ों का कैंसर ही नहीं। अभी रुकने से भविष्य में आपके कैंसर का खतरा कम हो जाएगा।

अत्यधिक धूप से बचें: सूरज से आने वाली हानिकारक पराबैंगनी (यूवी) किरणें आपकी त्वचा के कैंसर के खतरे को बढ़ा सकती हैं। छाया में रहकर, सुरक्षात्मक कपड़े पहनकर या सनस्क्रीन लगाकर अपने सूर्य के संपर्क को सीमित करें।

स्वस्थ आहार लें: फलों और सब्जियों से भरपूर आहार चुनें। साबुत अनाज और दुबले प्रोटीन का चयन करें। प्रसंस्कृत मांस का सेवन सीमित करें।

सप्ताह के अधिकांश दिनों में व्यायाम करें: नियमित व्यायाम से कैंसर का खतरा कम होता है। सप्ताह के अधिकांश दिनों में कम से कम 30 मिनट के व्यायाम का लक्ष्य रखें। यदि आप नियमित रूप से व्यायाम नहीं कर रहे हैं, तो धीरे-धीरे शुरू करें और 30 मिनट या उससे अधिक समय तक अपना काम करें।

स्वस्थ वजन बनाए रखें: अधिक वजन या मोटापा होने से आपके कैंसर का खतरा बढ़ सकता है। स्वस्थ आहार और नियमित व्यायाम के संयोजन के माध्यम से स्वस्थ वजन प्राप्त करने और बनाए रखने के लिए कार्य करें। यदि आप शराब पीना चुनते हैं, तो इसे संयम से करें। स्वस्थ वयस्कों के लिए, इसका मतलब है कि महिलाओं के लिए एक दिन में एक पेय तक और पुरुषों के लिए एक दिन में दो पेय तक।

कैंसर स्क्रीनिंग परीक्षा शेड्यूल करें। अपने जोखिम कारकों के आधार पर अपने डॉक्टर से बात करें कि आपके लिए किस प्रकार की कैंसर स्क्रीनिंग परीक्षाएं सर्वोत्तम हैं। कुछ वायरस आपके कैंसर के खतरे

को बढ़ाते हैं। टीकाकरण उन वायरस को रोकने में मदद कर सकता है, जिसमें हेपेटाइटिस बी शामिल है, जो यकृत कैंसर के खतरे को बढ़ाता है, और मानव पेपिलोमावायरस (एचपीवी), जो गर्भाशय ग्रीवा के कैंसर और अन्य कैंसर के खतरे को बढ़ाता है।

कैंसर कैसे पाया जाता है?

कुछ कैंसर तब पाए जाते हैं जब किसी व्यक्ति में ऐसे लक्षण होते हैं जो दूर नहीं होते हैं। अन्य कैंसर तब पाए जाते हैं जब कोई व्यक्ति नियमित रूप से स्क्रीनिंग टेस्ट करवाता है। स्क्रीनिंग किसी व्यक्ति के लक्षण होने से पहले कुछ कैंसर का पता लगाने में मदद कर सकती है, जब कैंसर छोटा होता है और इलाज में आसान होता है।

कैंसर की अवस्था का क्या अर्थ है?

अधिकांश प्रकार के कैंसर के लिए, यह देखने के लिए परीक्षण किए जाते हैं कि यह कितना बड़ा है, यदि यह जहां से शुरू हुआ है, उसके बाहर विकसित हुआ है, और यदि यह शरीर के अन्य भागों में फैल गया है। इन्हें कैंसर का चरण कहा जाता है। एक चरण 0 भी है, जिसका अर्थ है कि क्षतिग्रस्त कोशिकाएं अभी भी केवल कोशिकाओं की परत में हैं जहां उन्होंने शुरू किया था। चरण 0 कोशिकाएं कैंसर नहीं हैं, लेकिन कैंसर बन सकती हैं क्योंकि वे क्षतिग्रस्त हैं। कैंसर का चरण महत्वपूर्ण है, क्योंकि यह डॉक्टरों को यह जानने में मदद करता है कि कौन सा उपचार सबसे अच्छा है। कुछ प्रकार के कैंसर के लिए, यह देखने के लिए कैंसर कोशिकाओं पर अतिरिक्त परीक्षण किए जाते हैं कि क्या उनमें जीन या प्रोटीन परिवर्तन हैं? जो कुछ उपचारों को बेहतर बना सकते हैं।

कैंसर का इलाज कैसे किया जाता है?

कैंसर का इलाज सर्जरी, विकिरण, दवाओं और अन्य उपचारों का उपयोग कैंसर को ठीक करने, कैंसर को कम करने या कैंसर की प्रगति को रोकने के लिए किया जाता है। कई कैंसर उपचार मौजूद हैं। एक विशेष स्थिति के आधार पर, जो एक उपचार प्राप्त करता है या उपचारों का एक संयोजन प्राप्त कर सकता है।

कैंसर के उपचार का लक्ष्य कैंसर को ठीक करना है, जिससे एक सामान्य जीवन काल जीने की अनुमति मिलती है। विशिष्ट स्थिति के

आधार पर यह संभव हो भी सकता है और नहीं भी। यदि कोई इलाज संभव नहीं है, तो उपचार का उपयोग कैंसर को कम करने या कैंसर के विकास को धीमा करने के लिए किया जा सकता है ताकि यथासंभव लंबे समय तक एक जीवित लक्षण मुक्त हो सके।

कैंसर के उपचार के रूप में इस्तेमाल किया जा सकता है:

प्राथमिक उपचार: प्राथमिक उपचार का लक्ष्य शरीर से कैंसर को पूरी तरह से हटाना या सभी कैंसर कोशिकाओं को मारना है। किसी भी कैंसर उपचार को प्राथमिक उपचार के रूप में इस्तेमाल किया जा सकता है, लेकिन सबसे आम प्रकार के कैंसर के लिए सबसे आम प्राथमिक कैंसर उपचार सर्जरी है। यदि कैंसर विकिरण चिकित्सा या कीमोथेरेपी के प्रति विशेष रूप से संवेदनशील है, तो इसे प्राथमिक उपचार के रूप में उन उपचारों में से एक प्राप्त किया जा सकता है।

सहायक उपचार: सहायक चिकित्सा का लक्ष्य किसी भी कैंसर कोशिकाओं को मारना है जो प्राथमिक उपचार के बाद रह सकती हैं ताकि कैंसर की पुनरावृत्ति होने की संभावना कम हो सके। किसी भी कैंसर उपचार का उपयोग सहायक चिकित्सा के रूप में किया जा सकता है। सामान्य सहायक उपचारों में कीमोथेरेपी, विकिरण चिकित्सा और हार्मोन थेरेपी शामिल हैं। कैंसर के ऑपरेशन से पहले ट्यूमर को सिकोड़ने की चिकित्सा (Neoadjuvant) थेरेपी समान है, लेकिन प्राथमिक उपचार को आसान या अधिक प्रभावी बनाने के लिए प्राथमिक उपचार से पहले उपचार का उपयोग किया जाता है।

उपशामक उपचार: उपशामक उपचार के दुष्प्रभावों या कैंसर के कारण होने वाले लक्षणों और लक्षणों को दूर करने में मदद कर सकते हैं। लक्षणों को दूर करने के लिए सर्जरी, विकिरण, कीमोथेरेपी और हार्मोन थेरेपी सभी का उपयोग किया जा सकता है। अन्य दवाएं दर्द और सांस की तकलीफ जैसे लक्षणों से राहत दे सकती हैं। उपशामक उपचार का उपयोग उसी समय किया जा सकता है जब कैंसर को ठीक करने के लिए अन्य उपचारों का उपयोग किया जाता है।

कैंसर के उपचार के विकल्पों में शामिल हैं:

सर्जरी: सर्जरी का लक्ष्य कैंसर या जितना संभव हो उतना कैंसर को दूर करना है।

कीमोथेरेपी: कीमोथेरेपी कैंसर कोशिकाओं को मारने के लिए दवाओं का उपयोग करती है।

विकिरण चिकित्सा: विकिरण चिकित्सा कैंसर कोशिकाओं को मारने के लिए उच्च शक्ति वाले ऊर्जा बीम, जैसे एक्स-रे या प्रोटॉन का उपयोग करती है। विकिरण उपचार आपके शरीर के बाहर एक मशीन (बाहरी बीम विकिरण) से आ सकता है, या इसे आपके शरीर (ब्रेकीथेरेपी) के अंदर रखा जा सकता है।

बोन मैरो ट्रांसप्लांट: बोन मैरो आपकी हड्डियों के अंदर की वह सामग्री है जो ब्लड स्टेम सेल से ब्लड सेल्स (रक्त कोशिका) बनाती है। बोन मैरो ट्रांसप्लांट, जिसे स्टेम सेल ट्रांसप्लांट के रूप में भी जाना जाता है, आपकी खुद की बोन मैरो स्टेम सेल या डोनर से ली गई कोशिकाओं का उपयोग कर सकता है। अस्थि मज्जा प्रत्यारोपण आपके डॉक्टर को आपके कैंसर के इलाज के लिए कीमोथेरेपी की उच्च खुराक का उपयोग करने की अनुमति देता है। इसका उपयोग रोगग्रस्त अस्थि मज्जा को बदलने के लिए भी किया जा सकता है।

इम्यूनोथेरेपी: इम्यूनोथेरेपी, जिसे जैविक चिकित्सा के रूप में भी जाना जाता है, कैंसर से लड़ने के लिए आपके शरीर की प्रतिरक्षा प्रणाली का उपयोग करती है। कैंसर आपके शरीर में अनियंत्रित रूप से जीवित रह सकता है क्योंकि आपकी प्रतिरक्षा प्रणाली इसे घुस पैठिए के रूप में नहीं पहचानती है। इम्यूनोथेरेपी आपकी प्रतिरक्षा प्रणाली को कैंसर को "देखने" और उस पर हमला करने में मदद कर सकती है।

हार्मोन थेरेपी: कुछ प्रकार के कैंसर आपके शरीर के हार्मोन द्वारा संचालित होते हैं। उदाहरणों में स्तन कैंसर और प्रोस्टेट कैंसर शामिल हैं। शरीर से उन हार्मोन को हटाने या उनके प्रभाव को अवरुद्ध करने से कैंसर की कोशिकाओं का बढ़ना बंद हो सकता है।

लक्षित दवा उपचार: लक्षित दवा उपचार कैंसर कोशिकाओं के भीतर विशिष्ट असामान्यताओं पर ध्यान केंद्रित करता है जो उन्हें जीवित रहने की अनुमति देता है।

क्रायोएब्लेशन: यह उपचार सर्दी के साथ कैंसर कोशिकाओं को मारता है। क्रायोब्लेशन के दौरान, आपकी त्वचा के माध्यम से और सीधे कैंसर के ट्यूमर में एक पतली, छड़ी जैसी सुई (क्रायोप्रोब) डाली जाती है। ऊतक को जमने के लिए क्रायोप्रोब में एक गैस पंप की जाती है। फिर ऊतक को गलने दिया जाता है। कैंसर कोशिकाओं को मारने के लिए एक ही उपचार सत्र के दौरान ठंड और विगलन प्रक्रिया को कई बार दोहराया जाता है।

रेडियोफ्रीक्वेंसी एब्लेशन: यह उपचार कैंसर कोशिकाओं को गर्म करने के लिए विद्युत ऊर्जा का उपयोग करता है, जिससे वे मर जाते हैं। रेडियोफ्रीक्वेंसी एब्लेशन के दौरान, एक डॉक्टर त्वचा के माध्यम से या चीरा के माध्यम से और कैंसर के उत्तकों में एक पतली सुई का मार्गदर्शन करता है। उच्च-आवृत्ति ऊर्जा सुई से होकर गुजरती है और आसपास के उत्तकों को गर्म करने का कारण बनती है, जिससे आस-पास की कोशिकाएं मर जाती हैं।

सैनिकों के लिए कैंसर के व्यावसायिक खतरे

एक सैनिक एक मजबूत दुश्मन से लड़ना पसंद करता है, इसलिए कोई फर्क नहीं पड़ता कि यह दुश्मन कैंसर के रूप में है। वयोवृद्धों में सालाना लगभग 40,000 नए कैंसर के मामले सामने आते हैं। जैसे-जैसे वयोवृद्ध आबादी बढ़ती जा रही है, यह संख्या बढ़ती रहेगी। यह सैन्य सेवा का एक अप्रत्याशित जोखिम है। एक सैनिक शायद 20 साल बाद, रसायनों या विकिरण के संपर्क में आने के परिणामस्वरूप जीवन-धमकाने वाले कैंसर के विकास के अपने जोखिम के बारे में नहीं सोचता। कई सैन्य व्यावसायिक विशिष्टताओं में विशिष्ट, अद्वितीय जोखिम होते हैं जो खतरनाक विषाक्त पदार्थों के संपर्क में आने की संभावना को बढ़ाते हैं। इन जोखिमों में एस्बेस्टस के संपर्क में आना शामिल हो सकता है; रासायनिक हथियार एजेंट; हवा, पानी या मिट्टी में विशिष्ट पर्यावरणीय खतरे; और परमाणु विकिरण। एक अच्छी जीवनशैली और स्वस्थ जीवन के साथ शारीरिक व्यायाम कैंसर को रोकने में सहायक है।

निदान और उपचार कार्यक्रम के प्रभावी होने के लिए, इसे कभी भी अलगाव में विकसित नहीं किया जाना चाहिए। इसे एक प्रारंभिक

पहचान कार्यक्रम से जोड़ने की आवश्यकता है ताकि प्रारंभिक चरण में मामलों का पता लगाया जा सके, जब उपचार अधिक प्रभावी हो और इलाज की अधिक संभावना हो। इसे एक उपशामक देखभाल कार्यक्रम के साथ एकीकृत करने की भी आवश्यकता है, ताकि उन्नत कैंसर के रोगी, जो अब उपचार से लाभ नहीं उठा सकते हैं, उन्हें अपनी शारीरिक, मनोसामाजिक और आध्यात्मिक पीड़ा से पर्याप्त राहत मिल सके। इसके अलावा, कार्यक्रमों में कैंसर के जोखिम कारकों के बारे में रोगियों, परिवार और समुदाय के सदस्यों को शिक्षित करने और कैंसर के विकास से बचने के लिए निवारक उपाय करने की आवश्यकता के बारे में जागरूकता बढ़ाने वाला घटक शामिल होना चाहिए।

आभार : https://www.pexels.com/

4

फैटी लीवर और शराबबंदी

लीवर के बारे में: जैसा कि हम सभी बचपन से जानते हैं कि लीवर शरीर का सबसे बड़ा ठोस अंग है! यह शरीर की रक्त आपूर्ति से विषाक्त पदार्थों को निकालता है, स्वस्थ रक्त शर्करा के स्तर को बनाए रखता है, रक्त के थक्के को नियंत्रित करता है और सैकड़ों अन्य महत्वपूर्ण कार्य करता है। यह दाहिने ऊपरी पेट में रिब पिंजरे के नीचे स्थित है। लीवर शरीर के सारे खून को फिल्टर करता है और शराब और नशीले पदार्थों जैसे जहरीले पदार्थों को तोड़ता है। जिगर भी पित्त का उत्पादन करता है, एक तरल पदार्थ जो वसा को पचाने और अपशिष्ट को दूर करने में मदद करता है।

लीवर के कार्य: आगे बढ़ने से पहले हमें लीवर के कार्यों के बारे में भी पता होना चाहिए। लीवर शरीर का एक आवश्यक अंग है जो 500 से अधिक महत्वपूर्ण कार्य करता है! यहाँ इसके कुछ सबसे महत्वपूर्ण कार्य हैं:

एल्ब्यूमिन उत्पादन: एल्ब्यूमिन एक प्रोटीन है जो रक्त प्रवाह में तरल पदार्थ को आसपास के ऊतकों में रिसने से रोकता है। यह शरीर के माध्यम से हार्मोन, विटामिन और एंजाइम भी ले जाता है।

पित्त उत्पादन: पित्त एक तरल पदार्थ है जो छोटी आंत में वसा के पाचन और अवशोषण के लिए महत्वपूर्ण है।

खून को फिल्टर करता है: पेट और आंतों को छोड़ने वाला सारा खून लीवर से होकर गुजरता है, जो विषाक्त पदार्थों, बायप्रोडक्ट्स और अन्य हानिकारक पदार्थों को निकालता है।

अमीनो एसिड को नियंत्रित करता है: प्रोटीन का उत्पादन अमीनो एसिड पर निर्भर करता है। लीवर सुनिश्चित करता है कि रक्त प्रवाह में अमीनो एसिड का स्तर स्वस्थ बना रहे।

रक्त के थक्के को नियंत्रित करता है: रक्त के थक्के कोगुलेंट विटामिन के का उपयोग करके बनाए जाते हैं, जिसे केवल पित्त की मदद से अवशोषित किया जा सकता है, एक तरल पदार्थ जो यकृत पैदा करता है।

प्रतिरोध संक्रमण: छानने की प्रक्रिया के हिस्से के रूप में, यकृत रक्त प्रवाह से बैक्टीरिया को भी हटा देता है।

विटामिन और खनिजों का भंडार: यकृत विटामिन ए, डी, ई, के, और बी 12, साथ ही लौह और तांबे की महत्वपूर्ण मात्रा में स्टोर करता है।

प्रोसेस ग्लूकोज: लीवर रक्त प्रवाह से अतिरिक्त ग्लूकोज (शर्करा) को निकालता है और इसे ग्लाइकोजन के रूप में संग्रहीत करता है। आवश्यकतानुसार, यह ग्लाइकोजन को वापस ग्लूकोज में परिवर्तित कर सकता है।

एक स्वस्थ लीवर

लीवर की बीमारी से बचने का सबसे अच्छा तरीका स्वस्थ जीवन की दिशा में सक्रिय कदम उठाना है। निम्नलिखित कुछ सिफारिशें हैं जो लीवर को ठीक उसी तरह काम करने में मदद करेंगी जैसे उसे करना चाहिए:

अवैध दवाओं से बचें: अवैध दवाएं विषाक्त पदार्थ हैं जिन्हें लीवर को फ़िल्टर करना चाहिए। इन दवाओं को लेने से दीर्घकालिक नुकसान हो सकता है।

शराब का सेवन कम मात्रा में करें: शराब को लीवर से तोड़ना चाहिए। जबकि लीवर मध्यम मात्रा में हो सकता है, अत्यधिक शराब का सेवन नुकसान पहुंचा सकता है।

नियमित रूप से व्यायाम करें: नियमित व्यायाम दिनचर्या लीवर सहित हर अंग के लिए सामान्य स्वास्थ्य को बढ़ावा देने में मदद करेगी।

स्वस्थ भोजन करें: अत्यधिक वसा खाने से लीवर के काम करने में मुश्किल हो सकती है और फैटी लीवर की बीमारी हो सकती है।

सुरक्षित सेक्स का अभ्यास करें: हेपेटाइटिस सी जैसे यौन संचारित रोगों से बचने के लिए सुरक्षा का उपयोग करें।

टीकाकरण: विशेष रूप से यात्रा करते समय, हेपेटाइटिस ए और बी के साथ-साथ मलेरिया और पीले बुखार जैसी बीमारियों के खिलाफ उचित टीकाकरण प्राप्त करें, जो यकृत में बढ़ते हैं।

फैटी लीवर क्या है?

जैसा कि नाम से ही पता चलता है कि इसका मतलब है कि लीवर में चर्बी का बढ़ना। प्रमुख जोखिम कारकों में मोटापा और टाइप 2 मधुमेह शामिल हैं, हालांकि यह अत्यधिक शराब के सेवन से भी जुड़ा है। यह आमतौर पर कोई लक्षण नहीं पैदा करता है। जब लक्षण होते हैं, तो उनमें थकान, वजन कम होना और पेट दर्द शामिल हैं। उपचार में आहार और व्यायाम कार्यक्रम के माध्यम से मोटापे जैसे जोखिम कारकों को कम करना शामिल है। यह आम तौर पर एक सौम्य स्थिति है, लेकिन कुछ रोगियों में, यह यकृत की विफलता (सिरोसिस) में प्रगति कर सकता है। भारत में प्रति वर्ष 10 मिलियन से अधिक मामले।

फैटी लीवर रोग एक ऐसी स्थिति है जिसमें यकृत में वसा का निर्माण होता है। दो मुख्य प्रकार हैं:-

गैर-मादक वसायुक्त यकृत रोग (NAFLD)

अल्कोहल फैटी लीवर रोग, जिसे अल्कोहलिक स्टीटोहेपेटाइटिस भी कहा जाता है।

हमारे सैनिकों में फैटी लीवर और शराबबंदी

भारतीय सशस्त्र बलों में सेवारत व्यक्ति एक अनूठी आबादी है जिसमें मुख्य रूप से भारत के सभी हिस्सों से विभिन्न सामाजिक आर्थिक तबके के युवा शामिल हैं। सशस्त्र बलों में सैनिकों को संयुक्त शांति अभियानों के एक भाग के रूप में सशस्त्र संघर्ष के क्षेत्रों में सीमाओं पर या अपने घर के बाहर संचालन और युद्धों में सेवा करनी होती

है। दूरदराज के क्षेत्रों में चोट लगने, अस्पताल में भर्ती होने और रक्त चढ़ाने से वे माता-पिता से संचरित संक्रमणों की चपेट में आ जाते हैं। इसके अलावा, वे अक्सर कठिन इलाकों में काम करते हैं जहां स्वच्छ स्थिति, खाद्य स्रोतों पर नियंत्रण और सुरक्षित पेय जल की आपूर्ति उप-अनुकूल हो सकती है। यद्यपि भारतीय सशस्त्र बलों में निवारक उपायों पर एक महत्वपूर्ण जोर है, तेजी से तैनाती या संघर्ष के दौरान, शौचालय की सुविधा और मल निपटान बाधित हो सकता है और स्वच्छता और स्वच्छता के इष्ट तम स्तर को बनाए रखना संभव नहीं हो सकता है। इन कारकों के साथ, भीड़-भाड़ की स्थिति, विशेष रूप से रेजिमेंटल प्रशिक्षण केंद्रों में, मल-मौखिक रूप से संचरित रोगों की संभावना में वृद्धि में योगदान करती है।

शराब की लत को शराब पर निर्भरता से परिभाषित किया जाता है, जो शराब को रोकने के लिए शरीर की शारीरिक अक्षमता और शराब की लालसा की उपस्थिति है। लक्षण संबंधित कानूनी और स्वास्थ्य संबंधी मुद्दों के बावजूद बार-बार शराब का सेवन शामिल करें। शराब से पीड़ित लोग हर दिन एक पेय के साथ शुरू कर सकते हैं, अपने पीने के बारे में दोषी महसूस कर सकते हैं और पीने की मात्रा में कटौती करने की इच्छा रखते हैं। प्रति वर्ष 10 लाख से अधिक मामले (भारत) उपचार मदद कर सकते हैं, लेकिन इस स्थिति को ठीक नहीं किया जा सकता है। आमतौर पर स्व-निदान योग्य। सेना में युवा वयस्कों में उनके नागरिक समकक्षों की तुलना में भारी शराब पीने की संभावना अधिक होती है। सैन्य आघात न केवल तनाव से संबंधित मानसिक स्वास्थ्य विकारों जैसे कि अवसाद के विकास की संभावना को बढ़ाता है, बल्कि जैसा कि पहले उल्लेख किया गया है, इस बात के भी प्रमाण हैं कि दर्दनाक अनुभव सैन्य सदस्यों के बीच समस्या ग्रस्त शराब के उपयोग से संबंधित हैं। सैन्य दर्दनाक तनाव और शराब के उपयोग विकारों के बीच संबंधों की व्याख्या करने के लिए स्व-दवा परिकल्पना का प्रस्ताव किया गया है। दर्दनाक घटनाओं और शराब के उपयोग के विकारों के लिए बढ़े हुए जोखिम के बीच संबंध पीटीएसडी या अन्य पोस्ट-ट्रॉमेटिक मनोरोग विकारों की घटना से मध्यस्थता है। शराब के दुरुपयोग और

अभिघातजन्य मानसिक स्वास्थ्य समस्याओं के बीच कारण संबंध सैन्य सदस्यों के बीच दर्दनाक मस्तिष्क की चोट (TBI) की भूमिका से और अधिक जटिल हैं। स्व-दवा परिकल्पना और अनुवांशिक अध्ययनों पर शोध से पता चलता है कि सैन्य आघात के बाद शराब का दुरुपयोग PTSD और अन्य पोस्टट्रूमैटिक मनोवैज्ञानिक समस्याओं की सह-घटना से अत्यधिक संबंधित होने की संभावना है। इस प्रकार, प्रारंभिक जांच और उन लोगों की पहचान जो अभिघातजन्य मानसिक स्वास्थ्य समस्याओं का प्रदर्शन कर रहे हैं, हस्तक्षेप में एक महत्वपूर्ण पहला कदम है।

फैटी लीवर और शराब की लत को कैसे रोकें?

अल्कोहलिक लीवर डिजीज (ALD) और नॉन-अल्कोहलिक फैटी लीवर डिजीज (NAFLD) दुनिया भर में गंभीर स्वास्थ्य समस्याएं हैं। इन दो रोगों में समान रोग संबंधी स्पेक्ट्रा होते हैं, जो साधारण स्टीटोसिस से लेकर हेपेटाइटिस से लेकर सिरोसिस और हेपेटोसेलुलर कार्सिनोमा तक होते हैं। यद्यपि अत्यधिक शराब या कैलोरी सेवन वाले अधिकांश लोग यकृत (साधारण स्टीटोसिस) में असामान्य वसा संचय प्रदर्शित करते हैं, एक छोटा प्रतिशत प्रगतिशील यकृत रोग विकसित करता है। इन दोनों रोगों के पैथोफिज़ियोलॉजी को समझने पर व्यापक शोध के बावजूद अभी भी कोई लक्षित उपचार उपलब्ध नहीं है। शराब वापसी सिंड्रोम का इलाज इस प्रकार अत्यंत महत्वपूर्ण है और इसके लिए तरल पदार्थ, कैलोरी, विटामिन और खनिजों के प्रशासन की आवश्यकता होती है। अस्थिर रोगियों को एक महत्वपूर्ण देखभाल इकाई में भर्ती करने की आवश्यकता होती है और हेपेटिक एन्सेफैलोपैथी वाले रोगियों में अक्सर वायुमार्ग की सुरक्षा की आवश्यकता होती है। एएलडी की तरह एनएएफएलडी के लिए आज तक कोई प्रभावी उपचार नहीं है। एक सिद्ध प्रभावी चिकित्सा की अनुपस्थिति में, हमें एनएएफएलडी उपचार में एक बहु-अनुशासनात्मक दृष्टिकोण का पालन करना चाहिए, जहां एनएएफएलडी में शामिल कई रोग संबंधी जोखिम कारकों का मुकाबला करने के लिए दवाओं और कारकों के संयोजन को ध्यान में रखा जाता है। उपचार मुख्य रूप से वजन घटाने और जोखिम कारक

में कमी के लिए निर्देशित होता है, क्योंकि अधिकांश रोगी मोटे होते हैं या चयापचय सिंड्रोम होते हैं। आहार संशोधन भी एक महत्वपूर्ण भूमिका निभाता है क्योंकि कार्बोहाइड्रेट युक्त आहार, विशेष रूप से उच्च फ्रुक्टोज के साथ, मोटापा, इंसुलिन प्रतिरोध और NAFLD विकास का प्रमुख कारण है। इस प्रकार, चीनी की खपत को एक दिन में कुल कैलोरी सेवन के 10% से कम रखा जाना चाहिए और ऐसे रोगियों में फ्रुक्टोज युक्त आहार से बचना चाहिए। ओमेगा -3 फैटी एसिड से भरपूर भोजन को शामिल करना चाहिए और संतृप्त वसा और ओमेगा -6 फैटी एसिड से भरपूर लोगों को आहार से बाहर करना चाहिए। एक ओमेगा -3 फैटी एसिड समृद्ध आहार फैटी एसिड ऑक्सीकरण को बढ़ावा देता है और फैटी एसिड संश्लेषण को कम करता है, इस प्रकार लिपिड प्रोफाइल में सुधार करता है।

एएलडी और एनएएफएलडी दोनों ही पुरानी जिगर की बीमारियां हैं जिनमें साधारण स्टीटोसिस से सिरोसिस तक समान स्पेक्ट्रम होते हैं, केवल उनके ईटियोलॉजी में बुनियादी अंतर होते हैं। दोनों रोगों के पैथोफिज़ियोलॉजी को समझने के बावजूद, अभी भी किसी भी बीमारी का कोई प्रभावी उपचार नहीं है। एएलडी के लिए उपचार मूल रूप से शराब से परहेज, पोषण संबंधी सहायता, जीवन शैली में संशोधन, स्टेरॉयड और सिरोसिस की जटिलताओं के रोगसूचक उपचार पर निर्भर करता है, जबकि एनएएफएलडी के लिए उपचार का ध्यान वजन घटाने, व्यायाम और इंसुलिन सेंसिटाइज़र के उपयोग पर है। कारण को दूर करना दोनों रोगों के उपचार का सबसे कारगर तरीका होगा।

भारत अन्य देशों (यूनाइटेड किंगडम 9.25, ऑस्ट्रेलिया 9.68 और फ्रांस 14.02 लीटर) की तुलना में कम शराब की खपत करने वाले देश (0.94 लीटर पूर्ण शराब) के रूप में है (शराब पर वैश्विक स्थिति रिपोर्ट। (डब्ल्यूएचओ 1999) हालांकि, भारत में शराब की खपत पिछले दो दशकों में उन देशों की तुलना में 106 प्रतिशत की वृद्धि हुई है जहां शराब की खपत में गिरावट आई है। शराब पर निर्भरता और सैनिक दिनों के नुकसान के संबंध में सशस्त्र बलों की भी समस्याओं का हिस्सा था। सेना आदेश (एओ) 3 और 11/2001 शराब पर अंकुश लगाने और

आदतन शराबियों को बाहर निकालने के लिए पेश किया गया था। शराब की बढ़ती खपत न केवल व्यक्ति को प्रभावित करती है बल्कि उसके पारिवारिक, सामाजिक और व्यावसायिक जीवन को भी बाधित करती है, जिससे वसूली मुश्किल होती है। मदद मांगने वाले 20-35% लोग शराब पर निर्भरता रखते हैं।

आभार : https://www.pexels.com/

5

पीठ दर्द का मनोविज्ञान

मनोवैज्ञानिक और सामाजिक कारक न केवल पीठ दर्द को प्रभावित करते हैं बल्कि यह भी कि दर्द किसी के जीवन को कितना प्रभावित करता है।

1. मनोवैज्ञानिक घटक आमतौर पर स्थिर मू बैक पीड़ा से संबंधित होते हैं मानसिक और सामाजिक घटक इसलिए नहीं कि यह स्वयं पीठ दर्द का प्रभाव था बल्कि इसके अलावा किसी के जीवन पर पीड़ा का कितना प्रभाव पड़ता है। मामले के लिए, अवसाद ग्रस्तता के दुष्प्रभावों की निकटता पीठ की पीड़ा को और अधिक भयावह बना सकती है और पीठ की पीड़ा से संबंधित अपर्याप्तता को बढ़ा सकती है। पीठ दर्द की शुरुआत और रखरखाव के लिए ज्ञात मानसिक मौका घटक।

2. निरंतर पीड़ा के जवाब में परिहार व्यवहार अनुपयोगी हो सकता है और पीड़ा को बनाए रखने में योगदान दे सकता है पीठ की पीड़ा वाले कई लोग कुछ प्रगति से बचेंगे या काम करेंगे क्योंकि वे चोट या विस्तारित पीड़ा के आसपास फैलते हैं। स्वस्थ होने की तैयारी के बीच शरीर के ऊतकों को मजबूती से नुकसान पहुंचाने की प्रतिक्रिया में ये प्रतिक्रियाएं सुखद भी हो सकती हैं। ऐसा इसलिए है क्योंकि हो सकता है, गहरी जड़ वाली पीड़ा के जवाब में ये वही बचकाना होन्स अनुपयोगी

हो गए हैं क्योंकि सुरक्षा और मरम्मत की आवश्यकता नहीं है। उस बिंदु पर परिहार पीड़ा रखरखाव के चक्र का पार्सल बन जाता है। बदले में, यह परिहार बढ़ती पीड़ा और अक्षमता के चक्रों को जन्म दे सकता है, जैसा कि डर से बचने वाली भावनाओं के प्रदर्शन (एफएबीएम) के भीतर चित्रित किया गया है, आत्म-रिपोर्ट के अवलोकन के समूह का उपयोग पीठ की पीड़ा की सेटिंग के अंदर परिहार-संबंधी विश्वासों और व्यवहारों का आकलन करने के लिए किया जा सकता है। एक युगल हैं।

3. व्यवहार की अति सक्रियता और टूटी हुई दृढ़ता भी उपचार संभाल को बर्बाद कर सकती है और उपयोगितावादी सीमाओं को बढ़ा सकती है जिस तरह से बचने के व्यवहार से दर्द पुराना हो सकता है, उसी तरह उलटा डिजाइन भी हो सकता है। यह दर्शाता है कि अत्यधिक पीड़ा के बावजूद अभ्यास के साथ व्यवहारिक अति सक्रियता और टूटी हुई दृढ़ता मरम्मत की तैयारी को रोक सकती है और विस्तारित पीड़ा और उपयोगी कारावास की ओर ले जा सकती है

4. विनाशकारी और आत्म-प्रभावकारिता के लंबे स्तर दोनों ही निरंतर मू बैक पीड़ा की प्रगति और पीठ के लिए खतरे के घटक हैं। धक्का देने, पुनर्निर्देशित करने और विचलित करने वाले चिंतन के साथ मोड़ लगभग पीड़ा।

5. मानसिक असुविधा, लगातार मू बैक पीड़ा के लिए एक सामान्य प्रतिक्रिया हो सकती है जो बदले में विस्तारित अक्षमता में योगदान कर सकती है गंभीर और मेहनती पीठ दर्द दोनों को बेचैनी (तनाव, खिंचाव) या मनहूस के फ्रेम के अंदर मानसिक असुविधा से संबंधित किया जा सकता है (इसके लिए खेद है) , अपंग)। मानसिक असुविधा दृढ़ता से पीठ की पीड़ा के दृढ़ दृष्टिकोण के लिए एक सामान्य प्रतिक्रिया हो सकती है, वास्तव में जब संकेत अल्पकालिक होते हैं और उपचारात्मक रूप से सत्य नहीं होते हैं। बदले में, यह असुविधा अपने आप को गारंटी देने के साथ लगातार हार्मोनल और तंत्रिका आकार से संबंधित है। इन रूपों के माध्यम से, शो के रूप में असुविधा समय के साथ पीड़ा को और अधिक निराशाजनक बनाती है, और पीड़ा के कारण होने वाली विफलता को बढ़ाती है। इससे पता चलता है कि जब पीठ दर्द वाले लोग भी परेशान

होते हैं, तो उनकी असुविधा का इलाज करने के अलावा उनकी पीठ की पीड़ा में मदद की पेशकश की जाती है

दुनिया भर में चुने गए मानसिक दृष्टिकोण पीठ दर्द के साथ एक व्यक्ति का आकलन करते समय मनोसामाजिक जांच और निदान को समेकित करना अनिवार्य है। यह रोगियों को पीड़ा की भावनाओं के लिए स्क्रीन करने के लिए उपयोग की जाने वाली जरूरतों को समझने के लिए उपचार की बेहतर उपयुक्तता प्रतीत होती है जो उपचार को जटिल बना सकती है या निराश्रित परिणामों में योगदान कर सकती है। पीठ दर्द के संगठन के लिए कुछ मानसिक दवाएं विशेष रूप से पीड़ा को कम करने और काम को आगे बढ़ाने के उद्देश्य से तैयार की गई हैं।

6. आवश्यक मनोसामाजिक प्रभाव वाले व्यक्तियों के लिए अथक पीठ की पीड़ा के लिए बहु-विषयक बायोप्सीकोसियल पुनर्निर्माण पर विचार किया जा सकता है। पीठ की निरंतर पीड़ा के लिए बहु विषयक बायोइकोसोशल स्वास्थ्य लाभ सामान्य देखभाल या केवल शारीरिक उपचार की तुलना में पीठ की पीड़ा और अपर्याप्तता को कम करने में अधिक व्यावहारिक पाया गया। प्रभावित आकार किसी भी मामले में बड़े पैमाने पर विनम्र होते हैं, और खुराक-प्रतिक्रिया प्रभाव नहीं दिखता है। इस बात का कोई प्रदर्शन नहीं है कि इस तरह के उपचार के दृष्टिकोण से गंभीर रूप से पीछे की पीड़ा के लिए कदम से रणनीतिक दूरी बनाए रखने में मदद मिलती है

पीठ की पीड़ा के रखरखाव के लिए विभिन्न मानसिक मौका कारकों में आकार (जैसे, विनाशकारी या आत्म-प्रभावकारिता) या व्यवहार (जैसे, परिहार) पर विचार करना शामिल है। शायद मानसिक उपचार का एक आकार जो संज्ञानात्मक और व्यवहारिक आकृतियों को लक्षित करता है, जो दृढ़ता और अपर्याप्तता जैसे कि संज्ञानात्मक मोड़ और दुर्भावनापूर्ण व्यवहार को स्वीकार करते हैं। सीबीटी को विभिन्न निर्धारित पीड़ा स्थितियों की सेटिंग के अंदर माना गया है। पीठ दर्द के लिए विशिष्ट, एक मेटा-विश्लेषण ने दिखाया कि सीबीटी, बिना किसी उपचार या अन्य दिशानिर्देश-आधारित ऊर्जावान दवाओं की तुलना में, पीड़ा संघ के विभिन्न अनुमानों में दीर्घकालिक परिवर्तन की ओर जाता

है, पीड़ा की जांच, अपर्याप्तता और जीवन की गुणवत्ता।

मानसिक सतर्क चर अभिस्वीकृति का अर्थ पीड़ा में शामिल होने वाले कार्यों में बोल्ट लगाने और ऐसा करने के लिए इस तरह से है जो पीड़ा के लिए खड़े होने या इसे कम करने का प्रयास नहीं करता है। खोज पूर्ण प्रदर्शन से पता चलता है कि, पीड़ा को नियंत्रित करने के प्रयास के लिए शिक्षाप्रद के सापेक्ष, इसे पहचानने के लिए संपादन करने से शारीरिक कार्यों में प्रमुख निष्पादन करना हैं। आम तौर पर, पीड़ा सहना मदद के लिए प्रतीत होता है क्योंकि यह व्यक्तियों को वह करने की अनुमति देता है जो उन्हें पीड़ा से लड़ने के बजाय करना चाहिए। हम जानते हैं कि बढ़ती पुष्टि पर केंद्रित दवाएं आम पुष्टि में निरंतर पीड़ा में व्यावहारिक हैं, ऐसी दवाओं के बीच में आगे बढ़ती हैं और आने वाले परिवर्तनों से संबंधित हैं और बिना किसी संदेह के दवा स्पष्ट रूप से विस्तारित पुष्टि पर केंद्रित नहीं है उन लोगों में विस्तारित पुष्टि दिखाती है निर्धारित पीड़ा के साथ जो सबसे अधिक लाभ उठाते हैं। आत्म-करुणा को देर से माना जाता है और विशेष रूप से आत्म-आलोचना या दोष के प्रभावों से संबद्धता में पीठ की पीड़ा को समायोजित करने में एक सकारात्मक आंकड़ा हो सकता है। इस स्थिति की शारीरिक, सामाजिक और उत्तेजित चुनौतियाँ। इनमें से एक अपने आप को दिमागीपन के साथ व्यवहार करना और इंटीरियर को समझने के लिए आगे बढ़ने की सेटिंग को मजबूत करता है, जिसे विस्तार में आत्म-करुणा कहा जाता है। प्रारंभिक अनियंत्रित परीक्षण आरेखों को दिखाता है कि संक्षिप्त आत्म-करुणा व्यवस्था कम पीड़ा और निराशा, विस्तारित आत्म-करुणा और अंतः विषय दिमागीपन, कम विकसित वजन पीड़ा प्रतिक्रियाओं के साथ-साथ पीड़ा की प्रतिक्रिया में एफएमआरआई पर बुनियादी परिवर्तन से संबंधित है। ये मोटे तौर पर अन्य विचारों के साथ दृढ़ होते हैं जो प्रकट होते हैं कि आत्म-करुणा विरोधी रूप से बेचैनी, अपंग, विस्तार, पीड़ा बाधाओं और काम से संबंधित है।

तनाव और मनोविज्ञान स्वास्थ्य

चाहे बॉस के साथ तनाव पूर्ण बातचीत हो या साथियों और परिवार से वजन, हम सभी समय-समय पर अप्रिय परिस्थितियों के खिलाफ जाते हैं। हम में से कुछ के लिए, ये अवसर छिटपुट रूप से होते हैं। दूसरों के लिए, प्रत्येक दिन का विस्तार जीवन का एक मानक विभाजन हो सकता है। मानसिक विस्तार परिभाषा सभी नकारात्मक जोर को पहचानने में सक्षम एक अविश्वसनीय मौका है, लेकिन क्या आप जानते हैं कि विस्तार सकारात्मक भी हो सकता है?

ग्रेट थ्रस्ट, जिसे यूस्ट्रेस कहा जाता है, वास्तव में आपके लिए लाभदायक हो सकता है। भयानक जोर, या असुविधा की तरह बिल्कुल नहीं, असाधारण जोर प्रेरणा, केंद्र, अनिवार्यता और निष्पादन के साथ सहायता प्रदान कर सकता है। कई लोगों के लिए, यह स्फूर्तिदायक भी महसूस कर सकता है। दूसरी ओर, भयानक जोर नियमित रूप से बेचैनी, चिंता और निष्पादन में कमी का कारण बनता है। यह अप्रिय भी महसूस करता है, और यह उस अवसर के भीतर और अधिक वास्तविक मुद्दों को जन्म दे सकता है जो कि प्रवृत्ति नहीं थी।

मानसिक दबाव प्रभाव यह कोई पहेली नहीं है कि असुविधा के दीर्घकालिक प्रभाव हमारे स्वास्थ्य को नुकसान पहुंचा सकते हैं। तनाव हमारे जीवन को विपरीत रूप से प्रभावित करने की क्षमता रखता है। यह शारीरिक स्थितियों का कारण बन सकता है, जैसे सेरेब्रल पीड़ा, पेट से संबंधित समस्याएं, और आराम से परेशान करने वाले प्रभाव। इसके अलावा यह मानसिक और उत्साही तनाव, मिलान की उलझन, बेचैनी और दुख का कारण बन सकता है। मानसिक संबंध के अनुरूप, अनुपचारित अथक जोर, या जो अथक है और एक खुली अवधि में चलता रहता है, के परिणामस्वरूप लंबा रक्त भार या कमजोर सुरक्षित प्रणाली हो सकती है।

मानसिक विस्तार के संकेत एक तनाव और वास्तविक जोर के बीच एक क्षमता है। एक तनाव एक व्यक्ति, डाल या परिस्थिति हो सकती है जो आपको जोर दे रही है। विस्तार एक या उन तनावों के संयोजन की वास्तविक प्रतिक्रिया है। ऐसी कई परिस्थितियां हैं जो विस्तार का कारण बन सकती हैं। घरेलू आधुनिक या बढ़ते कार्य कर्तव्यों में संबंधों

का टकराव, मौद्रिक तनाव के अनुरोध का विस्तार करना एक पूजा की गई एक भलाई के मुद्दों का दुर्भाग्य एक या एक से अधिक दर्दनाक घटनाओं, जैसे कार की घटना या कठोर गलत काम के लिए एक वर्तमान क्षेत्र में जा रहा है।

तनाव की निगरानी के तरीके जब डायरेक्टिंग थ्रस्ट की बात आती है, तो सीधे बदलाव करने से आपके द्वारा और विशाल समृद्धि और ह्रास मान जोर को आगे बढ़ाने में काफी मदद मिल सकती है। उपकरणों और प्रक्रियाओं के होने से आप कष्टप्रद परिस्थितियों में बदल सकेंगे, आपके जोर के स्तर को ऊपर उठाने से एक रणनीतिक दूरी बनाए रख सकते हैं। एक समायोजन की खोज करें अपने कुछ समय की संरचना के लिए यह बुनियादी है ताकि बिना अभिभूत हुए आराम से गतिशील हो सके, काम करने में परेशानी शो के रूप में कुशलता से काम करने के साथ तुलना में एक रन के रूप में नहीं है

तीव्रता का विश्लेषण कैसे किया जाता है?

धक्का व्यक्तिपरक है - परीक्षणों के साथ मात्रात्मक नहीं है। चूंकि यह अनुभव करने वाला व्यक्ति था, यह चुन सकता है कि क्या यह दिखाई दे रहा है और यह अच्छाई के लिए कितना वास्तविक है। एक स्वास्थ्य सेवा प्रदाता आपके द्वारा विस्तारित किए गए विचारों को सक्रिय करने के लिए विचार का उपयोग कर सकता है और यह आपके जीवन को कैसे प्रभावित करता है। इस घटना के अंदर कि आप अडिग खुले हुए हैं, आपका स्वास्थ्य सेवा प्रदाता उन संकेतों का मूल्यांकन कर सकता है जो विस्तार के परिणामस्वरूप होते हैं। प्रारूप के लिए, लंबे रक्त भार का विश्लेषण और उपचार किया जा सकता है।

तनाव कम करने की सहायता के लिए एक या दो रणनीतियाँ क्या हैं?

आप विकास को दरकिनार नहीं कर सकते हैं, लेकिन आप मुझे हर दिन रणनीतियों का अभ्यास करके इसे अधिक शक्तिशाली होने से रोकेंगे: जब आप आगे बढ़ने के संकेत महसूस कर रहे हों तो काम करें। बिना संबोधन के एक संक्षिप्त सैर आपके आचरण को बढ़ा सकती है। प्रत्येक दिन के समापन पर, आप जो संतुष्ट हैं उसके बारे में सोचने के

लिए एक छोटा सा समय ले ।

मुझे खिंचाव के आसपास एक मास्टर से बातचीत करने की आवश्यकता कब होती है?

यदि आप अभिभूत महसूस करते हैं, यदि आप निगरानी के लिए ड्रग्स या अल्कोहल का उपयोग कर रहे हैं, या यदि आप केवल अपने आप को चोट पहुँचाने के बारे में विचार कर रहे हैं, तो आपको सहायक विचार की तलाश करने की आवश्यकता है। आपका बुनियादी देखभाल प्रदाता सलाह का प्रचार करके, दवा का समर्थन करके या आपको किसी समर्थक से आग्रह करके मदद की पेशकश कर सकता है।

6

मस्कुलोस्केलेटल स्वास्थ्य

मानसिक मुद्दों के साथ मस्कुलोस्केलेटल अव्यवस्थाओं की एकत्रित योजनाओं का कनेक्शन

उन घटकों का विश्लेषण करने का एक बुनियादी निकाय है जो स्वस्थ होने की उम्मीद करते हैं और दीर्घकालिक निराशा का कारण बनते हैं, इस तरह इन घटकों को सम्मोहक शब्द से संबंधित सुधार तकनीकों को चिह्नित करने के लिए व्यवस्थित करना महत्वपूर्ण है।

समृद्धि और अपर्याप्तता प्राकृतिक, मानसिक और सामाजिक कारकों की एक जटिल बातचीत हो सकती है। विचारकों ने दिखाया है कि देखे गए अपर्याप्तता के उच्च स्तर के रूप में दिखने वाले ये मनोसामाजिक घटक भविष्य की विफलता का एक महत्वपूर्ण मार्कर हैं।

सामाजिक संज्ञानात्मक आत्म-प्रभावकारिता और भय-बचाव सामाजिक संज्ञानात्मक सिद्धांत के अनुरूप, एक बोझ को दूर करने की उनकी क्षमता के आसपास एक व्यक्ति की भावनाएं सफलता का एक सम्मोहक आंकड़ा लगभग आता है। खोजी खुलासे संपन्न शार्पनेस को पकड़ने में आत्म-प्रभावकारिता के मूल पार्सल को उजागर करते हैं और सुरक्षा प्रेरणा जैसे अधिक व्यापक सफलता मानसिक बनावट के वर्तमान को आकार देते हैं

आत्म-प्रभावकारिता एक व्यक्तिगत विश्वास हो सकता है कि कोई व्यक्ति किसी विशेष परिस्थिति में कुछ आवश्यक शार्पनेस को प्रभावी ढंग से कर सकता है। लंबे आत्म-प्रभावकारिता वाले लोग इस सच्चाई के प्रति तिरस्कार दिखाने के लिए कार्रवाई-उन्मुख परिवर्तनकारी रणनीतियों का उपयोग करने की अधिक संभावना रखते हैं कि आत्म-प्रभावकारिता भावनाओं वाले लोग किसी परिस्थिति को स्वीकार करने में कम सक्षम महसूस करते हैं। एक व्यक्ति विशिष्ट परिस्थितियों के लिए मिश्रित आत्म-प्रभावकारिता भावनाओं को धारण करेगा और नियमित रूप से सम्मोहक परीक्षा और स्वास्थ्य लाभ के लिए एक विचार होगा। पीड़ा आत्म-प्रभावकारिता, आरेख के लिए, एक व्यक्ति की देखी गई क्षमता है कि पीड़ा को उपयुक्त रूप से प्रशासित किया जा सकता है। उपयोगितावादी आत्म-प्रभावकारिता एक भौतिक कार्य को संभालने के लिए एक व्यक्ति की देखी गई क्षमता है। पीड़ा की देखरेख के लिए आत्म-प्रभावकारिता की भावनाएँ पीड़ा के आचरण और उन्नति से बचने से संबंधित हैं। कार्रवाई से किनारा करने से शारीरिक रूप से विक्षोभ करने की क्षमता में लंबी अवधि की निराशा पर एक प्रस्ताव सहायता प्रभाव शामिल है।

एक सामान्य अर्थ में, आत्म-प्रभावकारिता की भावनाएँ एक व्यक्ति को एक आचरण करने पर विचार करती हैं, न कि उनकी क्षमता या ऐसा करने के लिए योग्यता का स्वामित्व। सक्षम पुनर्प्राप्ति कार्यक्रमों को व्यवस्थित करने और पारित करने के लिए एक महत्वपूर्ण विचार से अधिक नियमित रूप से नहीं। आत्म-प्रभावकारिता भी बढ़ी हुई पीड़ा और पीड़ा से संबंधित भय, और पीड़ा से संबंधित भय और निराशा के बीच संबंधों को प्रभावित करने के लिए प्रकट हुई है। लेआउट के लिए, लंबी आत्म-प्रभावकारिता के साथ पीड़ा से संबंधित भय अधिक महत्वपूर्ण पीड़ा और निराशा का कारण नहीं बन सकता है, इस सच्चाई के प्रति तिरस्कार दिखाने में कि आत्म-प्रभावकारिता के साथ पीड़ा से संबंधित भय अधिक बुनियादी पीड़ा और अपर्याप्तता का कारण बन सकता है। डर की चोरी से पता चलता है कि विफलता और जीर्णता क्यों स्पष्ट करती है। यह कमजोर अनुकूली क्लेश के कमजोर पड़ने,

डी-कंडीशनिंग और उन्नयन की दोहराव की रूपरेखा हो सकती है। यह स्पष्ट करने के लिए एक महत्वपूर्ण प्रदर्शन हो सकता है कि पीड़ित या तो अपनी स्थिति के लिए खड़े क्यों होते हैं, या जो निरंतर प्रयास करते रहते हैं|

आभार : https://www.pexels.com/

7

चयापचय रोग

मेटाबॉलिक सिंड्रोम के बारे में जानने से पहले हमें मेटाबॉलिज्म के बारे में समझना चाहिए, ताकि हम मेटाबॉलिक रोगों के बारे में बेहतर जान सकें। चयापचय जीवन और सामान्य कामकाज को बनाए रखने के लिए शरीर में होने वाली कई अलग-अलग रासायनिक प्रक्रियाओं को संदर्भित करता है। सरल भाषा में चयापचय एक जीवित जीव के प्रत्येक कोशिका के भीतर होने वाली रासायनिक प्रतिक्रियाओं का योग है और जो महत्वपूर्ण प्रक्रियाओं और नए कार्बनिक पदार्थों के संश्लेषण के लिए ऊर्जा प्रदान करता है। किसी भी समय आपका शरीर जितना किलोजूल जलता है, वह आपके चयापचय से प्रभावित होता है। आपकी चयापचय दर कई कारकों से प्रभावित होती है - जिसमें उम्र, लिंग, मांसपेशियों से वसा का अनुपात, शारीरिक गतिविधि की मात्रा और हार्मोन का कार्य शामिल है। तो अब हम मुख्य बिंदु पर आ सकते हैं जो चयापचय रोगों के बारे में है, चयापचय संबंधी विकार ऐसी स्थितियां हैं जो चयापचय के किसी भी पहलू को प्रभावित करती हैं। नतीजतन, कुछ लोग स्वस्थ रहने के लिए किसी पदार्थ का बहुत अधिक या बहुत कम उत्पादन कर सकते हैं। दूसरे शब्दों में हम परिभाषित कर सकते हैं कि, एक चयापचय विकार एक ऐसी स्थिति है जो सामान्य चयापचय प्रक्रियाओं को बाधित करती है। उदाहरण के लिए, यह भोजन को तोड़ने के लिए एंजाइम की उपलब्धता को प्रभावित कर सकता है या कोशिकाएं कितनी कुशलता से

ऊर्जा का उत्पादन कर सकती हैं। विकारों में कई स्थितियां शामिल हैं जो शरीर के भीतर विभिन्न लक्षणों और जटिलताओं का कारण बनती हैं।

लक्षण और कारण

मेटाबोलिक सिंड्रोम स्थितियों का एक समूह है जो एक साथ होते हैं, जिससे आपके हृदय रोग, स्ट्रोक और टाइप 2 मधुमेह का खतरा बढ़ जाता है। इन स्थितियों में बढ़ा हुआ रक्तचाप, उच्च रक्त शर्करा, कमर के आसपास शरीर की अतिरिक्त चर्बी और असामान्य कोलेस्ट्रॉल या ट्राइग्लिसराइड का स्तर शामिल हैं। इनमें से सिर्फ एक स्थिति होने का मतलब यह नहीं है कि आपको मेटाबोलिक सिंड्रोम है। लेकिन इसका मतलब यह है कि आपको गंभीर बीमारी का खतरा अधिक है। और यदि आप इनमें से अधिक स्थितियों का विकास करते हैं, तो टाइप 2 मधुमेह और हृदय रोग जैसी जटिलताओं का खतरा और भी अधिक बढ़ जाता है। यदि आपके पास चयापचय सिंड्रोम या इसके किसी भी घटक हैं, तो आक्रामक जीवनशैली में परिवर्तन गंभीर स्वास्थ्य समस्याओं के विकास में देरी कर सकता है या रोक भी सकता है।

मैटाबोलिक सिंड्रोम से जुड़े अधिकांश विकारों में स्पष्ट संकेत या लक्षण नहीं होते हैं। एक संकेत जो दिखाई दे रहा है वह है कमर की बड़ी परिधि। और यदि आपका ब्लड शुगर अधिक है, तो आपको मधुमेह के लक्षण और लक्षण दिखाई दे सकते हैं - जैसे कि प्यास और पेशाब का बढ़ना, थकान और धुंधली दृष्टि। मेटाबोलिक सिंड्रोम अधिक वजन या मोटापे और निष्क्रियता से निकटता से जुड़ा हुआ है। यह इंसुलिन प्रतिरोध नामक स्थिति से भी जुड़ा हुआ है। आम तौर पर, आपका पाचन तंत्र आपके द्वारा खाए जाने वाले खाद्य पदार्थों को चीनी में तोड़ देता है। इंसुलिन आपके अग्न्याशय द्वारा बनाया गया एक हार्मोन है जो चीनी को आपकी कोशिकाओं में ईंधन के रूप में उपयोग करने में मदद करता है। इंसुलिन प्रतिरोध वाले लोगों में, कोशिकाएं इंसुलिन के लिए सामान्य रूप से प्रतिक्रिया नहीं करती हैं और ग्लूकोज आसानी से कोशिकाओं में प्रवेश नहीं कर सकता है। नतीजतन, आपके रक्त शर्करा के स्तर में वृद्धि होती है, भले ही आपका शरीर आपके रक्त शर्करा को कम करने की कोशिश करने के लिए अधिक से अधिक इंसुलिन का मंथन करता है।

जोखिम

आयु: उम्र के साथ मेटाबोलिक सिंड्रोम का खतरा बढ़ जाता है।

जातीयता: संयुक्त राज्य अमेरिका में, हिस्पैनिक - विशेष रूप से हिस्पैनिक महिलाएं - चयापचय सिंड्रोम के विकास के सबसे बड़े जोखिम में दिखाई देती हैं। इसके कारण पूरी तरह से स्पष्ट नहीं हैं।

मोटापा: बहुत अधिक वजन उठाना, विशेष रूप से आपके पेट में, आपके चयापचय सिंड्रोम का खतरा बढ़ जाता है।

मधुमेह: यदि आपको गर्भावस्था के दौरान मधुमेह था (गर्भावधि मधुमेह) या यदि आपके पास टाइप 2 मधुमेह का पारिवारिक इतिहास है, तो आपको चयापचय सिंड्रोम होने की अधिक संभावना है।

अन्य रोग: यदि आपको कभी भी गैर-मादक वसायुक्त यकृत रोग, पॉलीसिस्टिक ओवरी सिंड्रोम (पीसीओएस) या स्लीप एपनिया हुआ हो, तो आपके चयापचय सिंड्रोम का खतरा अधिक होता है।

मेटाबोलिक सिंड्रोम होने से आपके विकसित होने का खतरा बढ़ सकता है:

टाइप 2 मधुमेह: यदि आप अपने अतिरिक्त वजन को नियंत्रित करने के लिए जीवनशैली में बदलाव नहीं करते हैं, तो आप इंसुलिन प्रतिरोध विकसित कर सकते हैं, जिससे आपके रक्त शर्करा का स्तर बढ़ सकता है। आखिरकार, इंसुलिन प्रतिरोध से टाइप 2 मधुमेह हो सकता है।

हृदय और रक्त वाहिका रोग: उच्च कोलेस्ट्रॉल और उच्च रक्तचाप आपकी धमनियों में सजीले टुकड़े के निर्माण में योगदान कर सकते हैं। ये सजीले टुकड़े आपकी धमनियों को संकीर्ण और सख्त कर सकते हैं, जिससे दिल का दौरा या स्ट्रोक हो सकता है।

निवारण

इन जोखिम कारकों के होने से मधुमेह, और रक्त वाहिका और हृदय रोग का खतरा काफी बढ़ जाता है। हम इसी तरह से मेटाबोलिक सिंड्रोम को रोक सकते हैं और साथ ही हमें अपनी जीवनशैली में भी समझदारी से बदलाव करने की जरूरत है।

हमें यह भी करना चाहिए:

व्यायाम: धीरे-धीरे शुरू करें, अमेरिकन हार्ट एसोसिएशन, यदि संभव हो तो, अनुशंसा करता है कि आप धीरे-धीरे सप्ताह के अधिकांश दिनों में 30-60 मिनट के लिए व्यायाम करने के लिए कदम बढ़ाएं।

फलों और सब्जियों, लीन प्रोटीन, साबुत अनाज और कम वसा वाले डेयरी के साथ एक स्वस्थ आहार खाएं, और संतृप्त वसा, ट्रांस वसा, कोलेस्ट्रॉल और नमक पर आराम से जाएं।

अगर आपका वजन ज्यादा है तो वजन कम करें।

अगर आप धूम्रपान करते हैं तो धूम्रपान छोड़ दें - अभी।

अपने डॉक्टर से नियमित जांच कराएं। चूंकि मेटाबोलिक सिंड्रोम के कोई लक्षण नहीं होते हैं, इसलिए आपको अपने रक्तचाप, कोलेस्ट्रॉल और रक्त की जांच के लिए नियमित रूप से डॉक्टर के पास जाने की आवश्यकता होती है

चीनी। बेशक, यदि आपके पास पहले से ही कुछ जोखिम कारक हैं, तो आपके चयापचय सिंड्रोम होने की संभावना अधिक है। इसे रोकने के लिए आपको कड़ी मेहनत करने की जरूरत है। यदि आपके पास है तो आपको प्रतीक्षा नहीं करनी चाहिए:

अस्वस्थ कोलेस्ट्रॉल का स्तर

उच्च रक्त चाप

उच्च रक्त शर्करा

अतिरिक्त वजन, विशेष रूप से पेट के आसपास

यदि ये स्थितियां आप पर लागू होती हैं, तो वास्तव में चयापचय सिंड्रोम विकसित करने से पहले, अभी कार्रवाई करें। अपने शरीर के वजन का 5% से 10% तक कम करने से रक्तचाप, रक्त शर्करा और रक्त कोलेस्ट्रॉल के स्तर को कम करने में मदद मिल सकती है। जीवनशैली में बदलाव करने के अलावा, आपको दवा की भी आवश्यकता हो सकती है। दवाएं आपके रक्तचाप, रक्त शर्करा और कोलेस्ट्रॉल को नियंत्रण में रख सकती हैं।

आप मेटाबोलिक सिंड्रोम का रोकथाम कैसे कर सकते हैं?

ज्यादातर मामलों में, मेटाबोलिक सिंड्रोम की रोकथाम आपके ही हाथ में है। आपके व्यवहार में बदलाव जैसे कि स्वस्थ भोजन करना और

अधिक व्यायाम करना आपके डॉक्टर द्वारा सुझाई गई पहली चीजें हैं। कुछ स्वस्थ आदतों को अपनाकर आप अपने जोखिम कारकों को पूरी तरह से खत्म करने में सक्षम हो सकते हैं।

जीवनशैली में करें ये बदलाव:

चूंकि हमारे सैनिकों को शारीरिक रूप से स्वस्थ होना है, इसलिए हमारे सम्मानित सेना के सदस्यों के लिए इन निर्देशों का पालन करना बहुत आसान है

व्यायाम करें: व्यायाम वजन कम करने का एक शानदार तरीका है, लेकिन अगर पैमाना प्रगति नहीं दिखा रहा है तो नीचे न उतरें। यहां तक कि अगर आप एक पाउंड भी नहीं खोते हैं, तो व्यायाम रक्तचाप को कम कर सकता है, कोलेस्ट्रॉल के स्तर में सुधार कर सकता है और इंसुलिन प्रतिरोध में सुधार कर सकता है। यदि आप आकार से बाहर हैं, तो धीरे-धीरे शुरू करें। अधिक चलने का प्रयास करें। अपने दिन में अधिक शारीरिक गतिविधि करें। जब आप पैदल हों, तो कुछ अतिरिक्त कदम उठाने के लिए सुंदर मार्ग पर जाने के लिए थोड़ा अतिरिक्त समय दें। ट्रैक रखने के लिए, एक पेडोमीटर (स्टेप काउंटर) खरीदें। अपनी शारीरिक गतिविधि को धीरे-धीरे बढ़ाएं जब तक कि आप इसे सप्ताह के अधिकांश दिनों में नहीं कर रहे हों। लेकिन बहुत महत्वाकांक्षी मत बनो। यदि आप एक कसरत शासन की कोशिश करते हैं जो बहुत कठिन है, तो आप हार सकते हैं। आपको व्यायाम का ऐसा स्तर खोजने की ज़रूरत है जो आपके व्यक्तित्व के अनुकूल हो।

स्वस्थ आहार लें: स्वस्थ आहार खाने से आपका कोलेस्ट्रॉल, इंसुलिन प्रतिरोध और रक्तचाप में सुधार हो सकता है, भले ही आपका वजन समान रहे। स्वस्थ खाने के बारे में सलाह के लिए अपने डॉक्टर या पंजीकृत आहार विशेषज्ञ से पूछें। सामान्य तौर पर, एक आहार जो संतृप्त वसा, ट्रांस वसा, कोलेस्ट्रॉल और नमक में कम होता है और फलों, सब्जियों, दुबला प्रोटीन, बीन्स, कम वसा वाले डेयरी और साबुत अनाज में उच्च होता है, उच्च रक्तचाप वाले लोगों की मदद करने के लिए दिखाया गया है और उच्च हृदय रोग का खतरा। कई डॉक्टर "भूमध्यसागरीय" आहार या डीएएसएच आहार का सुझाव देते हैं। ये

भोजन योजनाएं "अच्छे" वसा (जैतून के तेल में मोनोअनसैचुरेटेड वसा की तरह) और कार्बोहाइड्रेट और प्रोटीन के संतुलन पर जोर देती हैं।

कुछ वजन कम करें: यहां वजन घटाने के बारे में जोड़ना एक शिक्षक को सिखाया जाता है। तो सेना के सभी सदस्यों को सलाम, अच्छे शारीरिक स्वास्थ्य के संबंध में वास्तव में कड़ी मेहनत के लिए। जाहिर है, वजन कम करना अक्सर व्यायाम और अच्छी तरह से खाने का उप-उत्पाद होता है। लेकिन यदि आप अधिक वजन वाले या मोटे हैं तो यह अपने आप में एक महत्वपूर्ण लक्ष्य है। वजन घटाने से मेटाबोलिक सिंड्रोम के हर पहलू में सुधार हो सकता है।

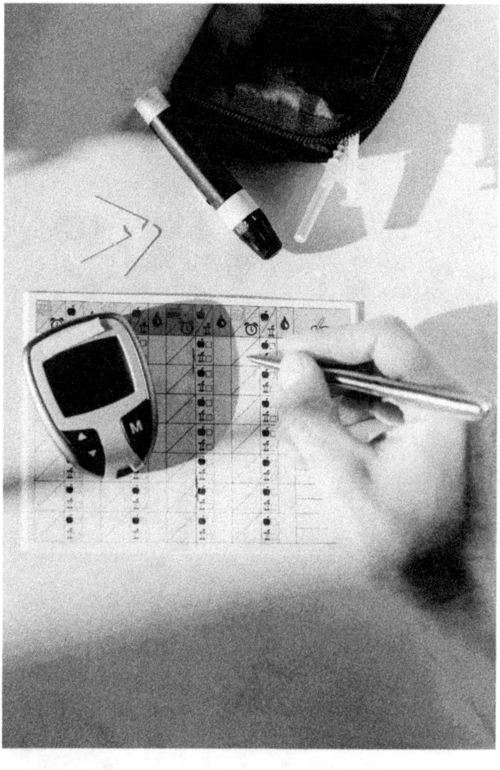

आभार : https://www.pexels.com/

8

भारतीय सैनिक और उच्च रक्तचाप

जैसा कि हम जानते हैं कि उच्च रक्तचाप बिगड़ा हुआ चयापचय होमियोस्टेसिस से संबंधित है और इसे एक चयापचय विकार माना जा सकता है। यह समीक्षा संभावित तंत्र प्रस्तुत करती है जिसके द्वारा चयापचय संबंधी विकार रक्तचाप (बीपी) बढ़ाते हैं।

उच्च रक्तचाप : आपका रक्तचाप माप आपको आपकी धमनियों में दबाव बताता है क्योंकि रक्त उनके माध्यम से बहता है। इसे दो संख्याओं के रूप में दर्शाया गया है। जब आपका दिल धड़कता है तो पहला दबाव की मात्रा का प्रतिनिधित्व करता है। दूसरा उस दबाव का प्रतिनिधित्व करता है जब आपका दिल धड़कनों के बीच आराम करता है। एक आदर्श रीडिंग 115/75 mmHg है। हल्के रक्तचाप को "प्री-हाइपरटेंशन" कहा जाता है। यह बढ़े हुए हृदय संबंधी जोखिमों से जुड़ा है और पूर्ण विकसित उच्च रक्तचाप का अग्रदूत है। प्री-हाइपरटेंशन का निदान 120-139/80-89 mmHg के रीडिंग के साथ किया जाता है, और उच्च रक्तचाप का निदान 140/90 mmHg से अधिक रीडिंग के साथ किया जाता है। उच्च रक्तचाप को "साइलेंट किलर" के रूप में जाना जाता है क्योंकि बहुत से लोग यह भी नहीं जानते कि उनके पास यह है और कोई चेतावनी संकेत या लक्षण नहीं हैं। शरीर को नुकसान मूक

तरीके से करता है। किस तरह का नुकसान? हृदय रोग, दिल का दौरा, धमनी विस्तार, स्ट्रोक और दिल की विफलता के साथ-साथ गुर्दे की विफलता, मनोभ्रंश, आंखों को नुकसान और यौन रोग। यह एक गंभीर स्थिति है जो उच्च जोखिम वाले दिग्गजों को नजरंदाज नहीं करना चाहिए। उच्च रक्तचाप अनुसंधान से पता चला है कि युद्ध के कई दौरों को देखने वाले दिग्गजों और सैनिकों में उच्च रक्तचाप होने की संभावना लगभग 33 प्रतिशत अधिक होती है। यदि वे सक्रिय ड्यूटी के दौरान मृत्यु को देखते हैं, तो यह प्रतिशत 50 तक चला जाता है।

सशस्त्र बलों के कर्मियों में उच्च रक्तचाप रुग्णता और सामयिक मृत्यु दर का एक सामान्य कारण है। अनुपचारित या अपर्याप्त इलाज उच्च रक्तचाप। रक्षा विभाग द्वारा किए गए एक सर्वेक्षण के अनुसार, सेना में प्रवेश करने के बाद से 17 प्रतिशत सैनिकों ने उच्च रक्तचाप की सूचना दी है। दिग्गजों में, 30% से अधिक को उच्च रक्तचाप है। सशस्त्र बलों के सदस्य बहादुरी से असंख्य खतरों, चुनौतियों और जोखिमों का सामना करते हैं जो बाहरी प्रकृति के होते हैं। उन्हें शायद इस बात का अहसास ही न हो कि उन्हें आंतरिक खतरे का भी सामना करना पड़ रहा है। यह एक मूक हत्यारा है और सामान्य आबादी की तुलना में सक्रिय ड्यूटी सैन्य और दिग्गजों के बीच औसत दरों से अधिक पाया जाता है। यह जान के लिए खतरा है हाइपोतनाव चूंकि सेना में उच्च रक्तचाप और पूर्व-उच्च रक्तचाप अत्यधिक प्रचलित हैं, इसलिए पूर्व सैनिकों को इस खतरे के बारे में पता होना चाहिए, यह समझना चाहिए कि उनके लिए इसका क्या अर्थ है और यह जानना चाहिए कि इसे कैसे ट्रैक और प्रबंधित किया जाए।

उच्च रक्तचाप: सक्रिय ड्यूटी सैन्य और वयोवृद्धों के लिए उपाय

खुशखबरी: सक्रिय ड्यूटी मिलिट्री जैसे दिग्गजों को अनुशासित होने के लिए प्रशिक्षित किया गया है। नतीजतन, अधिकांश नागरिकों की तुलना में, वे अपने स्वास्थ्य पर नियंत्रण रखने के बारे में अधिक दृढ़ हो सकते हैं। तनाव प्रबंधन - लड़ाकू जोखिम, विमान का शोर, और सैन्य जीवन के लिए अद्वितीय अन्य तनाव शरीर पर अपना प्रभाव डाल सकते हैं।

लेकिन, तनाव ग्रस्त दिग्गजों के लिए आशा है। कई प्रभावी तनाव-प्रबंधन तकनीक उपलब्ध हैं।

तनाव कम करने वाले खाद्य पदार्थ खाएं - सही आहार आपके दिल पर तनाव के प्रभाव को कम करने में मदद कर सकता है।

दुकान - "खुदरा चिकित्सा" तनाव को दूर करने और रक्तचाप को कम करने के लिए दिखाया गया है। कोशिश करके देखो!

एक पालतू जानवर को अपनाएं - अध्ययनों से पता चला है कि एक पालतू जानवर के साथ बातचीत और बंधन तनाव कम करने में मदद करता है और आपके दिल के लिए अच्छा है।

जीवनशैली में बदलाव - आप जानते हैं कि इनमें से कई क्या हैं। आपने उन्हें पहले सुना है। अधिकांश अन्य लोगों की तरह, उन्हें करने के लिए प्रेरणा और प्रतिबद्धता प्राप्त करना कठिन है। जब हृदय रोग की बात आती है तो बुजुर्गों के लिए बढ़े हुए जोखिम के स्तर को समझने से आपको इन परिवर्तनों को करने के लिए प्रेरित करने में मदद मिल सकती है। धूम्रपान को कम करने का प्रयास करें (या कम से कम केवल उन धूम्रपानों को कम करें जो वास्तव में मायने रखते हैं)

स्वस्थ भोजन करें

शराब का सेवन कम करें (दिन में 1-2 पेय)

व्यायाम - रोजाना 15 मिनट की सैर भी बहुत फर्क कर सकती है

यदि अधिक वजन - वजन कम करें।

अपने आहार में सोडियम सीमित करें - कम खाएं और डिब्बे में खाद्य पदार्थों से बचें

उच्च रक्तचाप पर नज़र रखना - iPhone या Android पर एक ऐप का उपयोग करके आसान है। यह अच्छे हृदय स्वास्थ्य के लिए भी आवश्यक है। सड़क पर गंभीर परिणामों से बचने के लिए सक्रिय कर्तव्य सैन्य और दिग्गजों को अपने रक्तचाप पर नज़र रखनी चाहिए। आइए नज़र डालते हैं ट्रैकिंग के फायदों पर।

अपने रक्तचाप की निगरानी करने से कई लाभ मिलते हैं। हैलो हार्ट जैसे ऐप्स द्वारा ट्रैकिंग को भी आसान बनाया गया है। साधारण बीपी मॉनिटरिंग उपकरणों का उपयोग करके अपने रक्तचाप पर नजर रखने

से, आप गंभीर हृदय स्थितियों के लिए अपने जोखिम को कम कर सकते हैं। आपके रक्तचाप को ट्रैक करने के कुछ लाभ निम्नलिखित हैं।

जागरूकता के लिए ट्रैक: जैसा कि उल्लेख किया गया है, यह आबादी उच्च रक्तचाप और हृदय रोग के लिए नागरिकों की तुलना में अधिक जोखिम में है। जैसा कि मौजूद होने की संभावना है, सेना में उन लोगों को अपने रक्तचाप को ट्रैक करने में मेहनती होना चाहिए ताकि यह पता चल सके कि यह उच्च है या नहीं। जैसा कि कहा जाता है, जानना आधी लड़ाई है।

आभार : https://www.pexels.com/

9

सैनिक और उच्च ऊंचाई जनित रोग

पर्वतीय संचालन जीवन-धमकाने वाली स्थितियों जैसे हाइपोथर्मिया और हाइपोक्सिया और अन्य प्रभावों जैसे UV- यूवी अंधापन और कार्बन मोनोऑक्साइड विषाक्तता से भरा होता है। मुख्य रूप से संशोधित और कार्यात्मक तकनीकी वस्त्रों के कारण विस्तारित अवधि के लिए ऐसे दुर्गम इलाकों में सैन्य प्रदर्शन से जुड़ी समस्याओं को कम करने के प्रयास किए गए हैं। उच्च ऊंचाई पर पर्वतीय वातावरण में कई कारक विदेशी और मैदानी निवासी होते हैं, जो मानव प्रणाली में शारीरिक प्रतिक्रियाओं की एक श्रृंखला को जन्म देते हैं। उच्च ऊंचाई में शामिल होने पर समुद्र के स्तर के कुछ निवासी उच्च ऊंचाई के कई अप्रिय लक्षणों से पीड़ित होते हैं जो हल्के से गंभीर डिग्री तक भिन्न होते हैं। ये एक व्यक्ति को शारीरिक और मानसिक रूप से परेशान कर सकते हैं। इसलिए, ऐसे खतरों को रोकने की आवश्यकता है जो यह संभव है यदि व्यक्ति उच्च ऊंचाई में एक सुरक्षित और सुखी जीवन के लिए जाने से पहले एच. ए. रोगों की समस्याओं और निवारक उपायों के बारे में पहले से अवगत है। इसलिए, शारीरिक और शारीरिक समस्याओं के बारे में जागरूकता पैदा करने के लिए दिशानिर्देश प्रदान करने का एक नेक प्रयास किया गया है। जीवन का और वैज्ञानिक परीक्षणों का संचालन

करने वाले सैनिकों, पर्वतारोहियों और प्रवासियों के लिए इसके दुष्प्रभावों से सुरक्षा के तरीके।

ठंडे जलवायु वातावरण में

हमारे सशस्त्र बलों को बहुत सारे जलवायु परिवर्तन का सामना करना पड़ा; इसके बावजूद वे कर्तव्यनिष्ठा से अपना कर्तव्य निभाते हैं। पश्चिमी हिमालय की विशेषता वाले मुख्य पर्यावरणीय पैरामीटर सर्दियों के महीनों के दौरान बेहद कम तापमान होते हैं, जो स्थानों पर -60 डिग्री सेल्सियस तक कम हो सकते हैं, साल भर बहुत कम आर्द्रता, औसत शेष 25% से नीचे और कुछ क्षेत्रों में 120 समुद्री मील को छूने वाली तेज़ हवाएं , जिससे खतरनाक सर्द हवा का प्रभाव पड़ता है। सशस्त्र बलों के कर्मियों को दो प्रकार के चरम जलवायु सुरक्षात्मक कपड़े जारी किए जाते हैं। उच्च ऊंचाई का हाइपोबैरिक हाइपोक्सिया ऊंचाई के आधार पर व्यक्ति की अधिकतम शारीरिक कार्य क्षमता को कम कर देता है। कमी का अनुमान मोटे तौर पर 10000 फीट पर समुद्र के स्तर के मूल्यों का 70% और व्यक्तियों में 18,000 फीट पर 50% होने का अनुमान लगाया गया है। 2 महीने के अनुकूलन से कार्य क्षमता में 10,000 फीट पर समुद्र स्तर के मूल्यों के लगभग 87% और 18,000 फीट पर 68-70% की वृद्धि होती है। अधिकतम हृदय गति कम कार्य दर पर पहुँचती है और कथित मांसपेशियों की थकान भी समुद्र तल की तुलना में कम कार्य दर पर रिपोर्ट की जाती है। हाइपोक्सिया को संभवतः हाइपोक्सिया प्रेरित वासो-फैलाव के कारण कंपकंपी सीमा को बढ़ाकर ठंड सहनशीलता को कम करने के लिए भी सूचित किया गया है। दूसरी ओर, ठंड के संपर्क में आने से शारीरिक कार्य क्षमता और कम हो जाती है, क्योंकि उपलब्ध ऑक्सीजन के हिस्से को चयापचय थर्मोजेनेसिस के लिए मोड़ दिया जाता है, और यह शारीरिक कार्य के लिए उपलब्ध नहीं होता है।

बर्फीले इलाकों में बर्फ पर चलने के लिए भी अतिरिक्त मेहनत करनी पड़ती है। यह अनुमान लगाया गया है कि जमीन की सतह पर चलने की तुलना में बर्फ पर चलने में ऊर्जा व्यय तीन गुना है। यह भी अनुमान लगाया गया है कि शारीरिक रूप से फिट और अनुभवी पर्वतारोहियों में

भी समुद्र तल पर समान दरों की तुलना में ऊंचाई के साथ चढ़ाई की दर कम होती जाती है। इससे, यह स्पष्ट है कि हाइपोक्सिया और कोल्ड इन इलाकों में सैनिकों के शारीरिक प्रदर्शन पर गंभीर प्रतिबंध लगाते हैं। सशस्त्र बलों को इन शर्तों के तहत अधिकतम संभव परिचालन शारीरिक दक्षता के रखरखाव को सुनिश्चित करना है। स्पष्ट रूप से, इस क्षेत्र में समुद्र तल के कठोर शारीरिक प्रशिक्षण कार्यक्रम को नियोजित नहीं किया जा सकता है। हालांकि, यह दिखाया गया है कि उच्च ऊंचाई पर शामिल होने से पहले सैनिकों की कठोर शारीरिक कंडीशनिंग के परिणामस्वरूप उच्च ऊंचाई पर भी बेहतर शारीरिक प्रदर्शन होता है; पहले से वातानुकूलित सैनिकों को मध्यम स्तर के प्रशिक्षण के साथ भी इष्टतम परिचालन फिटनेस बनाए रखना आसान लगता है। सशस्त्र बल एक शेड्यूल का पालन कर रहे हैं जिसमें 6-8 सप्ताह के कठोर प्री-इंडक्शन प्रशिक्षण के बाद मध्यम ऊंचाई (6500 फीट) पर स्थित एक युद्ध विद्यालय में 6-8 सप्ताह की कंडीशनिंग होती है। उच्च ऊंचाई पर प्रवेश के बाद, शारीरिक रखरखाव कार्यक्रम किया जाता है जिसमें मार्च, मध्यम एरोबिक और शक्ति प्रशिक्षण अभ्यास, खेल और मध्यम गति से ढाल चढ़ाई शामिल है।

चयापचय आवश्यकताओं और नौकरी की शारीरिक आवश्यकताओं के आधार पर कुल कैलोरी आवश्यकता लगभग 4800 से 5000 कैलोरी/दिन होने का अनुमान है। यह ठंड के संपर्क में वृद्धि के कारण चयापचय की मांग में वृद्धि के साथ-साथ शारीरिक गतिविधि की उच्च चयापचय लागत, यहां तक कि चलने जैसे नियमित लोगों, खड़ी ढाल और नरम बर्फ के कारण है। अन्य कारकों को ध्यान में रखा जाना चाहिए हाइपोक्सिया प्रेरित एनोरेक्सिया और स्वाद वरीयताओं में परिवर्तन। पश्चिमी हिमालय क्षेत्र से प्रमुख ठंड से प्रेरित समस्याओं में चिलब्लेन्स, शीतदंश और हाइपोथर्मिया शामिल हैं। मनोवैज्ञानिक तनाव के प्रमुख परिणाम पारस्परिक संबंधों के विचलन, शराब की प्रवृत्ति, प्रतिक्रियाशील अवसाद और कम संख्या में सैनिकों में जिम्मेदारी से बचने के रूप में प्रकट हुए हैं।

भारतीय आबादी में मेटाबोलिक सिंड्रोम (मेट्स) की व्यापकता 31.6 से 41.1% के बीच है। पारंपरिक रूप से मोटे, लेकिन स्वाभाविक रूप से इंसुलिन प्रतिरोधी होने के बावजूद भारतीयों में हृदय रोग और मधुमेह विकसित होने का जोखिम अधिक होता है।

मेटाबोलिक सिंड्रोम सैन्य एयरक्रू के बीच प्रशिक्षित जन शक्ति के नुकसान को कम करने के लिए निवारक रणनीतियों को परिभाषित करने की तत्काल आवश्यकता पर प्रकाश डालता है। भविष्य में आपस में रुग्णता और मृत्यु दर को कम करने के लिए अपनी जीवन शैली को संशोधित करने के बारे में एयरक्रू को शिक्षित करने के लिए फ्लाइट सर्जनों की महत्वपूर्ण भूमिका होती है।

आभार : https://www.pexels.com/

10

आत्महत्या के विचारो से बचाव

22 मार्च 2021 को प्रकाशित एक रिपोर्ट के अनुसार पिछले सात वर्षों में सेना, नौसेना और भारतीय वायु सेना के लगभग 800 कर्मियों की आत्महत्या से मृत्यु हो गई, जबकि "भ्रातृहत्या" के 20 मामले थे, एक बार फिर 14 लाख से अधिक मजबूत सशस्त्र बलों में बेहतर आत्महत्या रोकथाम और तनाव प्रबंधन नीतियों की आवश्यकता को रेखांकित करते हैं।

रक्षा राज्य मंत्री श्रीपाद नाइक ने सोमवार को राज्यसभा में एक प्रश्न के लिखित उत्तर में कहा कि 12 लाख से अधिक सेना ने 2014 से अब तक आत्महत्या के लिए 591 सैनिकों को खो दिया है, जबकि भारतीय वायु सेना में यह संख्या 160 और नौसेना में 36 है। रक्षा प्रतिष्ठान ने कुछ तनाव प्रबंधन उपाय किए हैं, लेकिन स्पष्ट रूप से बहुत कुछ करने की जरूरत है, लगभग 100 वर्दी धारी कर्मी हर साल दशकों से अपनी जान ले रहे हैं, जैसा कि पहले टीओआई द्वारा रिपोर्ट किया गया था।

पाकिस्तान और चीन की सीमाओं पर लंबी तैनाती के साथ-साथ उग्रवाद विरोधी अभियान सैनिकों के मानसिक स्वास्थ्य और शारीरिक सहनशक्ति पर भारी पड़ते हैं।

दूर-दराज के क्षेत्रों में तैनात सैनिक भी अपने परिवारों को घर वापस आने वाली समस्याओं की देखभाल करने में सक्षम नहीं होने के कारण भारी तनाव से गुजरते हैं, जो वित्तीय और वैवाहिक समस्याओं से लेकर संपत्ति विवाद और असामाजिक तत्वों द्वारा उत्पीड़न तक हो सकता है।

अपने जवाब में, नाइक ने कहा कि सरकार ने "सैनिकों के बीच तनाव में सुधार की दिशा में कई कदम उठाए हैं"।

इनमें प्रशिक्षित मनोवैज्ञानिक परामर्शदाताओं की तैनाती, सैनिकों के लिए भोजन और कपड़ों की गुणवत्ता में सुधार, तनाव प्रबंधन में प्रशिक्षण, मनोरंजक सुविधाओं का प्रावधान, 'बडी सिस्टम', छुट्टी रियायतें, सीमावर्ती क्षेत्रों से सैनिकों की आवाजाही के लिए सुविधाएं और एक स्थापित करना शामिल हैं। राज्यों में शिकायत तंत्र

"सेना तनाव प्रबंधन में सुधार के लिए लगातार उपाय कर रही है। तनाव और तनाव के मुद्दे को कमांडरों द्वारा विभिन्न स्तरों पर व्यापक तरीके से संबोधित किया जा रहा है, "नाइक ने कहा। सेना में बहु-आयामी रणनीति के हिस्से के रूप में विशिष्ट उपाय किए गए हैं, जिसमें तनाव प्रबंधन सत्र, मनोरोग परामर्श, विषय पर कमांडरों को संवेदनशील बनाना और पर्याप्त विवाहित आवास, अच्छी स्कूली शिक्षा, मनोरंजन के प्रावधान जैसे सैन्य कल्याण उपाय शामिल हैं। सुविधाओं और इस तरह, उन्होंने कहा।

केंद्रीय रक्षा राज्य मंत्री श्रीपाद नाइक ने गुरुवार को कहा कि सरकार ने एक विस्तृत मानसिक स्वास्थ्य कार्यक्रम तैयार करने सहित सैनिकों के बीच तनाव को कम करने के लिए कई कदम उठाए हैं। लोकसभा में एक प्रश्न के लिखित उत्तर में, नाइक ने सशस्त्र बलों के लिए मानसिक स्वास्थ्य कार्यक्रम जैसे उपायों को सूचीबद्ध किया, जिसे सशस्त्र बल चिकित्सा सेवा महानिदेशक (डीजीएएफएमएस) द्वारा सितंबर, 2008 में तैयार किया गया था।

उन्होंने कहा कि यह कार्यक्रम 2009 से प्रभावी है। मंत्री ने कहा, "तनाव और तनाव के मुद्दे को कमांडरों द्वारा विभिन्न स्तरों पर व्यापक तरीके से संबोधित किया जा रहा है। तनाव प्रबंधन के लिए सभी प्रमुख स्टेशनों पर कमांडरों और मनोचिकित्सकों द्वारा सत्र आयोजित

किए जाते हैं।"

विशिष्ट उपायों में कमांडरों को बातचीत के माध्यम से शिकायतों को दूर करने, 'दोस्त' प्रणाली के कार्यान्वयन, विवाहित कर्मियों के लिए पर्याप्त आवास, अच्छी स्कूली शिक्षा, मनोरंजन सुविधाओं के प्रावधान जैसे कल्याणकारी उपाय शामिल हैं।

उन्होंने कहा कि लड़ाकू तनाव के उच्च जोखिम वाले कर्मियों की पहचान यूनिट कमांडिंग अधिकारियों, रेजिमेंटल चिकित्सा अधिकारियों और कनिष्ठ नेताओं द्वारा कमजोर और परामर्श के रूप में की जाती है और किसी भी तनाव मार्कर, तनाव के चेतावनी संकेतों की तलाश की जाती है और सभी के लिए प्रेरक बात की जाती है। यह पूछे जाने पर कि क्या सरकार के पास निकट भविष्य में रूस से नई मिसाइल रक्षा प्रणाली खरीदने का कोई प्रस्ताव है, नाइक ने कहा कि यह खतरे के आकलन और सुरक्षा अनिवार्यताओं पर आधारित है। मंत्री ने कहा, "सरकार राष्ट्रीय सुरक्षा परिदृश्य की लगातार समीक्षा करती है और सुरक्षा चुनौतियों और परिचालन आवश्यकताओं को पूरा करने के लिए उपयुक्त रक्षा उपकरणों को शामिल करने के लिए कदम उठाती है। यह विभिन्न स्वदेशी और विदेशी स्रोतों से खरीद के माध्यम से की जाने वाली एक सतत प्रक्रिया है।" उन्होंने कहा कि सशस्त्र बलों को बेहतर तरीके से लैस करने और उन्हें तैयार रखने की स्थिति में सर्वोच्च प्राथमिकता दी जाती है।

आत्मघाती व्यवहार को पहचान कर लेने से कई मामलों में आत्महत्या को रोका जा सकता है। जोखिम कारकों और चेतावनी के संकेतों को जानें, जिनमें अवसाद, व्यक्तित्व में परिवर्तन, आत्म-नुकसान का व्यवहार हाल ही में जीवन संकट और मरने की इच्छा के बारे में बातचीत शामिल है। अगर परिवार का कोई सदस्य या दोस्त आत्महत्या की बात करता है तो उसे गंभीरता से लें। उन्हें पेशेवर मदद लेने के लिए प्रोत्साहित करें। ऐसी कौन सी परिस्थितियाँ हैं(जोखिम कारक) - जो किसी को आत्महत्या पर विचार करने के लिए प्रेरित कर सकती हैं? हालाँकि आप नहीं जानते होंगे कि किसी मित्र या प्रियजन के आत्महत्या का प्रयास करने का क्या कारण हो सकता है, कम से

कम कुछ सामान्य हैं ज्ञात कारक जो किसी व्यक्ति के आत्महत्या के जोखिम को बढ़ाते हैं उनमें शामिल हैं: व्यक्तिगत कारक जिन्होंने अतीत में आत्महत्या का प्रयास किया है। मानसिक स्वास्थ्य की स्थिति है, जैसे कि अवसाद और मनोदशा संबंधी विकार, सिज़ोफ्रेनिया, चिंता विकार। लंबे समय से दर्द है या ए अक्षम या लाइलाज बीमारी। निराशा की भावनाओं को व्यक्त करता है। पैसा या कानूनी समस्याएं हैं। हिंसक या आवेगी व्यवहार है। शराब या अन्य मादक द्रव्यों के सेवन की समस्याएं हैं। आग्नेयास्त्रों या दवाओं जैसे आत्म-नुकसान के तरीकों तक आसान पहुंच है। संबंध कारकों का इतिहास है शारीरिक, भावनात्मक या यौन शोषण; या उपेक्षा या बदमाशी। ब्रेक-अप, तलाक या मृत्यु के माध्यम से संबंध खो चुके हैं। आत्महत्या से मृत्यु का पारिवारिक इतिहास है। समुदाय, सांस्कृतिक, सामाजिक कारक के कारण पिडित व्यक्ति को मदद मांगने में शर्म आती है, विशेष रूप से मानसिक स्वास्थ्य स्थितियों के लिए मदद। स्वास्थ्य सेवाओं, विशेष रूप से मानसिक स्वास्थ्य और मादक द्रव्यों के सेवन के उपचार तक पहुंच की कमी। सांस्कृतिक या धार्मिक विश्वास रखता है कि आत्महत्या एक समाधान का एक अच्छा विकल्प है। व्यक्तिगत दुविधा। स्थानीय आत्महत्याओं की बढ़ती संख्या या आत्महत्या से होने वाली मौतों के मीडिया कवरेज में वृद्धि के बारे में जागरूक हो गया है। सबसे आम आत्महत्या चेतावनी के कुछ संकेत क्या हैं? कुछ अधिक सामान्य चेतावनी संकेत हैं कि एक व्यक्ति समाप्त करने के बारे में सोच रहा हो सकता है उनके जीवन में शामिल हैं: उदास या मूडी होना: व्यक्ति को लंबे समय तक उदासी और मिजाज होता है। अवसाद आत्महत्या के लिए एक प्रमुख जोखिम कारक है। अचानक शांति: अवसाद या मनोदशा की अवधि के बाद व्यक्ति अचानक शांत हो जाता है। दूसरों से पीछे हटना: व्यक्ति अकेले रहना पसंद करता है और दोस्तों या सामाजिक गतिविधियों से बचता है। वे उन गतिविधियों में रुचि या आनंद भी खो देते हैं जिनका वे पहले आनंद लेते थे। व्यक्तित्व, उपस्थिति, नींद पैटर्न में परिवर्तन: व्यक्ति का रवैया या व्यवहार बदल जाता है, जैसे असामान्य गति या धीमी गति से बोलना या आगे बढ़ना। साथ ही,

वे अचानक अपनी व्यक्तिगत उपस्थिति के बारे में कम चिंतित हो जाते हैं। वे उस व्यक्ति के लिए सामान्य से बहुत अधिक या बहुत कम सोते हैं। खतरनाक या आत्म-हानिकारक व्यवहार दिखाना: व्यक्ति संभावित खतरनाक व्यवहार में संलग्न होता है, जैसे कि लापरवाही से गाड़ी चलाना, असुरक्षित यौन संबंध रखना या ड्रग्स और/या शराब का उपयोग बढ़ाना। हाल ही में अनुभव करना आघात या जीवन संकट: संकट के उदाहरणों में किसी प्रियजन या पालतू जानवर की मृत्यु, तलाक या रिश्ते का टूटना, एक बड़ी बीमारी का निदान, नौकरी छूटना या गंभीर वित्तीय समस्याएं शामिल हैं। गहरी निराशा की स्थिति में होना: व्यक्ति निराश महसूस करने, जीने का कोई कारण न होने, दूसरों के लिए बोझ होने, फंसने या गंभीर भावनात्मक दर्द में रहने की बात करता है। तैयारी करना: व्यक्ति अपने निजी व्यवसाय को क्रम में रखना शुरू कर देता है। इसमें दोस्तों और परिवार के सदस्यों से मिलना, निजी संपत्ति देना, वसीयत बनाना और उनके कमरे या घर की सफाई करना शामिल हो सकता है। . कुछ लोग आत्महत्या का प्रयास करने से पहले एक नोट लिखेंगे। आत्महत्या की धमकी देना या मरने की इच्छा के बारे में बात करना: हर कोई जो आत्महत्या पर विचार कर रहा है वह ऐसा नहीं कहेगा, और आत्महत्या की धमकी देने वाला हर व्यक्ति इसका पालन नहीं करेगा। हालांकि, आत्महत्या के हर खतरे को गंभीरता से लिया जाना चाहिए।

अध्ययन ने दोहराया कि मानसिक स्वास्थ्य कलंक मानसिक स्वास्थ्य देखभाल तक पहुँचने में एक बाधा है। इसके अलावा, लिंग भूमिकाओं पर पितृ सत्ता का भार यह निर्धारित करता है कि सार्वजनिक रूप से मानसिक स्वास्थ्य को कैसे तैयार किया जाता है

एक अन्य अध्ययन के अनुसार, लगभग 40% महिला रक्षा कर्मी, जो शायद ही कभी युद्धक ड्यूटी के लिए प्रतिनियुक्त होती हैं और जमीन पर तैनात होती हैं, भारत में आत्महत्या से मर जाती हैं। जबकि रक्षा बलों की शारीरिक फिटनेस पर बहुत चर्चा होती है, मानसिक स्वास्थ्य के बारे में प्रवचन और आघात नाजुक है; तनाव और आघात युद्ध और शांति दोनों समय में भारी पड़ सकते हैं। इस प्रकार प्रतिक्रिया को राष्ट्रीय

नीतियों में सामाजिक पूर्वाग्रहों और सांस्कृतिक अवरोधों को मोड़ना पड़ता है, विशेष रूप से वे जो दुनिया में हमारे सशस्त्र शक्तिशाली रक्षा बल की रक्षा करते हैं, जो हमारे जल, भूमि और वायु शक्ति के लिए एक वैश्विक टोपी है।

आभार : https://www.pexels.com/

11

सैनिक स्वास्थ्य और स्थिति सिस्टम पर नजर

युद्ध के कैदी सैनिक, नाविक हैं, एयरक्रू, और नौसैनिक जिन्हें पकड़ लिया जाता है वे युद्धकाल के अक्सर चरम के अधीन होते हैं उन्हे बेहद शारीरिक और मनोसामाजिक तनाव से गुजरना होता हैं। उन्हे शारीरिक आघात और संघर्ष के दौरान चोट लगने का खतरा सतत रहता हैं। उनपर नजरबंदी पोषण की कमी, दुर्व्यवहार, यातना, राजनीतिक शोषण, अलगाव, अपमान, चिकित्सा देखभाल की कमी, और, कभी-कभी, जानबूझकर की ओर से बीमारी या चोट के प्रति उदासीनता आदी होने से स्वास्थ्य संबंधी समस्याये उत्पन्न हो जाती हैं। ऐसे दर्दनाक जीवन के अनुभव तत्काल और दीर्घकालिक शारीरिक को प्रभावित करते हैं। लोगों के लिए कैद के अनुभव, उदासीनता, निर्भरता, एकांतवास, और चिड़चिड़ापन और चिंता आमतौर पर रही है ।

टेली-मेडिसिन और टेली स्वास्थ्य के उपयोग से दूरस्थ सैनिको को स्वास्थय सेवाएँ सुलाभ कराई जा सकती हैं | दवा और स्वास्थ्य सेवा क्षेत्र नई तकनीक को अपनाने में दिन-ब-दिन आगे बढ़ रहा है। दूसरी ओर टेली-मेडिसिन रोबोट ऑफ-साइट चिकित्सा पेशेवरों को दूर-दराज

के स्थानों से स्थानांतरित करने, देखने, संवाद करने और भाग लेने की अनुमति देता हैं। फ़ार्मेसी ऑटोमेशन एक अस्पताल में खुदरा फ़ार्मेसी सेटिंग में मौखिक ठोस पदार्थ निकालने के लिए रोबोटिक सिस्टम का प्रतिनिधित्व करता है। आमतौर पर स्पंदित पराबैंगनी प्रकाश का उपयोग करते हुए, कीटाणुशोधन रोबोट केवल मिनटों में पूरे कमरे को कीटाणुरहित करने की क्षमता रखता है।

टेली-स्वास्थ्य शब्द में रोगी देखभाल प्रदान करने और स्वास्थ्य सेवा वितरण प्रणाली में सुधार करने के लिए विभिन्न प्रकार की प्रौद्योगिकियां और सेवाएं शामिल हैं। टेली-स्वास्थ्य और टेलीमेडिसिन एक-दूसरे से भिन्न होते हैं क्योंकि टेली-स्वास्थ्य दूरस्थ स्वास्थ्य सेवाओं में व्यापक दायरे को संदर्भित करता है। वहीं, टेलीमेडिसिन केवल दूरस्थ नैदानिक सेवाओं के लिए विशिष्ट है। टेली-स्वास्थ्य दूरस्थ गैर-नैदानिक सेवाओं का उल्लेख कर सकता है जैसे कि प्रशिक्षण के टुकड़े, प्रशासनिक बैठकें और निरंतर चिकित्सा शिक्षा का आयोजन। विश्व स्वास्थ्य संगठन के अनुसार, टेली-स्वास्थ्य में "निगरानी, स्वास्थ्य संवर्धन और सार्वजनिक स्वास्थ्य कार्य" शामिल हैं।

चिकित्सा इतिहास में पहली बार, अप्रैल 2016 में कैंसर सर्जन शफी अहमद ने रॉयल लंदन अस्पताल में वर्चुअल रियलिटी (वीआर) कैमरे का उपयोग करके एक ऑपरेशन किया था। सर्जरी के क्षेत्र में यह एक बड़ा कदम है। अन्य लोगों ने भी मेडिकल रियलिटी वेबसाइट और OR-ऑप्टिकल रियलिटी एप्लिकेशन में VR-वर्चुअल रियलिटी के माध्यम से वास्तविक समय में ऑपरेशन में भाग लिया। इस ऑपरेशन में केप टाउन के मेडिकल छात्र और अन्य ने दो 360 डिग्री कैमरों के माध्यम से देखा, कि सर्जन ने रोगी के आंत से एक कैंसरयुक्त ऊतक को हटा दिया।

समाज में सार्वजनिक स्वास्थ्य आयामों को बदलने वाले तकनीकी मूल्यांकन पर एक अध्ययन की आवश्यकता है। रोग चिकित्सा निदान में ऑटोमेशन चिकित्सा क्षेत्र में उन्नति के नए मार्ग खोलता है। निदान में जैव रसायन, मानव विकृति विज्ञान, चिकित्सा सूक्ष्म जीव विज्ञान, रेडियोलॉजी आदी विभिन्न विषय क्षेत्रों में समन्वय शामिल है, जिसमें साइटोलॉजी, हिस्टोपैथोलॉजी और इम्यूनोलॉजी जैसी कई उप शाखाएं

हैं। ये सभी शाखाएं और उप शाखाएं कैमरा फोटोग्राफी में प्रगति के साथ प्रगति का अनुभव करती हैं। कैमरा निदान में विशेष रूप से उपयोगी तकनीक है चाहे वह सोनो-ग्राफी हो या डिजीटल एक्स-रे। मेडिकल बायोकैमिस्ट्री में स्पेक्ट्रोस्कोपी के उपयोग ने रक्त और शरीर के अन्य तरल पदार्थों के विश्लेषण में निदान में क्रांति ला दी। अब निदान की बढ़ी हुई सटीकता के साथ विश्लेषण के लिए समय की खपत कम होती जा रही है। चिकित्सा निदान में स्वचालन के संबंध में कुछ उदाहरण यहां दिए गए हैं। हिस्टोपैथोलॉजी में उदाहरण पर प्रकाश डाला जाना महत्वपूर्ण है। हिस्टोपैथोलॉजी में नमूने के रूप में पृथक ऊतक को संसाधित करने के लिए स्लाइड और कैसेट की आवश्यकता होती है। कैसेट मार्कर और स्लाइड राइटर अब व्यावसायिक रूप से उपलब्ध हैं और सभी प्रयोगशालाओं द्वारा इसका उपयोग किया जा सकता है। मैनुअल डाटा एंट्री प्रयोगशालाएं इन मशीनों में मैनुअल इनपुट पर निर्भर होंगी। अधिक परिष्कृत प्रणालियों वाली प्रयोगशालाएं इन मशीनों के साथ विशेष रूप से इंटरफेस कर सकती हैं, ताकि कैसेट मार्किंग और स्लाइड राइटिंग पूरी तरह से स्वचालित प्रक्रियाएं बन जाएं, उदाहरण के लिए, डेटा प्रविष्टि और कार्य सूची निर्माण, क्रमशः। इन मशीनों के आगमन ने कैसेट और स्लाइड की स्पष्ट, संक्षिप्त लेबलिंग को सक्षम किया है और ट्रांसक्रिप्शन त्रुटि को न्यूनतम तक कम कर दिया है।

इन सभी तकनीकियों का सही उपयोग करके हम अपने सैनिकों के स्वास्थ्य को सुरक्षित और मजबूत रख सकते हैं।

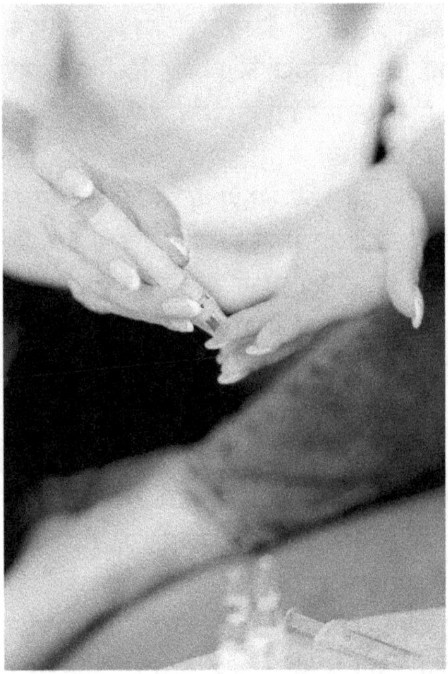

आभार : https://www.pexels.com/

12

सैनिकों के लिये आहार

सेहतमंद खाना

संपूर्ण फिटनेस बनाए रखने में उचित पोषण एक प्रमुख भूमिका निभाता है। आहार की अच्छी आदतें आपकी अधिकतम क्षमता पर प्रदर्शन करने की आपकी क्षमता को बहुत बढ़ा देती हैं। विभिन्न प्रकार के खाद्य पदार्थ खाना और पर्याप्त ऊर्जा संतुलन बनाए रखना स्वस्थ आहार के लिए बुनियादी दिशानिर्देश हैं।

सैनिकों को उनके द्वारा खाए जाने वाले भोजन से पर्याप्त ऊर्जा प्राप्त करने और पोषण संतुलन के लिए आवश्यक विभिन्न प्रकार के खाद्य पदार्थ प्राप्त करने के लिए, वे एक दिन में तीन बार भोजन करते हैं। यदि सही भोजन किया जाए तो भोजन के बीच नाश्ता करना भी अच्छे पोषण में योगदान कर सकता है।

अपनी ऊर्जा और फिटनेस की जरूरतों को पूरा करने के लिए पर्याप्त कैलोरी का उपभोग करना चहिये। उचित वजन तब तक बना रहता है जब तक शरीर ऊर्जा संतुलन में होता है, या जब उपयोग की जाने वाली कैलोरी की संख्या खपत कैलोरी की संख्या के बराबर होती है। निम्नलिखित दिशानिर्देश मांसपेशियों को बनाने और अधिक ऊर्जा बनाने में मदद कर सकते हैं।

उच्च प्रोटीन, कम वसा वाली चीजें जैसे: मछली, बीन्स, होल व्हीट पास्ता, अंडे की सफेदी, मलाई रहित या 1 प्रतिशत दूध और कम वसा वाला दही खाएं। तली हुई चीजें, उच्च वसा वाले मीट, अंडे की जर्दी और पूरा दूध जैसी चीजों से बचें।

विटामिन के अच्छे स्रोत के लिए कच्ची या उबली हुई सब्जियां, हरी पत्तेदार सब्जियाँ, साबुत अनाज की ब्रेड और छिलके वाले फलों से भरपूर आहार लें। चाशनी में तली हुई सब्जियां, सफेद ब्रेड और डिब्बा बंद फल खाने से बचें।

गुड फैट बनाम बैड फैट: नॉन-ट्रांस फैट ब्रेड स्प्रेड और हार्ट हेल्दी मार्जरीन चुनने की कोशिश करें। जैतून के तेल या सूरजमुखी के तेल के साथ पकाएं, कम चरबी और मांस वसा को छोड़ दें या सिमित उपयोग करें। वसा सामग्री, कुकीज़, केक, पाई और पेस्ट्री के सामान में उच्च मलाईदार सलाद ड्रेसिंग को सीमित रखे या पूर्ण छोड़ दें। इसके अलावा, फास्ट फूड से परहेज करना हमेशा आपके वसा के सेवन को कम करने में मदद करने का एक अच्छा तरीका है।
कैलोरी सेवन को नियंत्रित करने का सबसे सटीक तरीका आपके द्वारा खाए जाने वाले भोजन के हिस्से के आकार को नियंत्रित करना है। आप खाद्य पदार्थों और पेय पदार्थों के अंशों को मापने के लिए मानक घरेलू मापने वाले बर्तनों और एक छोटे रसोई के पैमाने का उपयोग कर सकते हैं ताकि आपको इस बात का बेहतर अंदाजा हो सके कि आपके हिस्से का आकार क्या है। आपके द्वारा खाए गए सभी खाद्य पदार्थों और आपके द्वारा की गई शारीरिक गतिविधियों का दैनिक रिकॉर्ड रखना भी सहायक हो सकता है ताकि आप अपने कैलोरी सेवन को अपने शारीरिक उत्पादन के विरुद्ध संतुलित कर सकें। वसा का अधिक सेवन, विशेष रूप से संतृप्त वसा और कोलेस्ट्रॉल, रक्त कोलेस्ट्रॉल के उच्च स्तर से जुड़ा हुआ है, इसलिए विशेषज्ञ बेहतर समग्र स्वास्थ्य के लिए कम वसायुक्त भोजन खाने की सलाह देते हैं।

दुनिया के सबसे ऊंचे युद्ध के मैदान माने जाने वाले सियाचिन ग्लेशियर में गश्त कर रहे सैनिकों और अधिकारियों के लिए टिन का खाना नहीं होगा, क्योंकि वे जल्द ही अपने बंकर के अंदर उगाई जाने वाली विभिन्न प्रकार की ताजी सब्जियां - मूली, गोभी, फूलगोभी, ब्रोकोली, केले या ककड़ी खा सकेंगे।

"डॉ नरेंद्र सिंह, अतिरिक्त निदेशक, रक्षा उच्च ऊंचाई अनुसंधान संस्थान (DIHAR), लेह-लद्दाख, ने यह बताया था की सियाचिन ग्लेशियर के साथ 1000 से अधिक पोस्टों को पौधों की खेती के लिए 'माइक्रो-ग्रीन' तकनीक मिलेगी जो प्रतिरक्षा स्तर को बढ़ावा देने के साथ-साथ डिब्बा बंद भोजन - उच्च रक्तचाप और गैस्ट्रो-आंतों की बीमारियों के कारण होने वाली समस्याओं को दूर करने में मदद करती हैं।

उन्होंने कहा कि 'माइक्रो-ग्रीन' तकनीक की मदद से उगाई जाने वाली सब्जियों के फायदे कई गुना हैं: उच्च गुणवत्ता वाला ताजा भोजन जो अच्छे स्वास्थ्य को बढ़ावा देता है, समृद्ध और महत्वपूर्ण पोषक तत्वों, नगण्य वसा और शून्य कोलेस्ट्रॉल के लिए धन्यवाद। दूसरा, समृद्ध आहार फाइबर भूख, पाचन में सुधार करता है और जठरांत्र संबंधी समस्याओं को कम करता है। तीसरा, वे डिब्बा बंद भोजन के सेवन के कारण सोडियम और पोटेशियम के स्तर को संतुलित करके उच्च रक्तचाप को कम करने में मदद करते हैं। चौथा, वे द्वितीयक मेटाबोलाइट्स प्रदान करते हैं जिनमें विरोधी भड़काऊ, एंटी-ऑक्सीडेंट और कैंसर विरोधी गुण होते हैं। इसके अलावा, बंकरों के अंदर खेती करने से सैनिकों में तनाव और ऊब को कम करने में मदद मिलती है, उन्होंने कहा। डॉ. सिंह ने कहा कि बंकरों के अंदर कम तीव्रता की रोशनी इन पौधों की खेती के लिए पर्याप्त होगी। उन्होंने कहा, "प्रत्येक ट्रे से 40-50 ग्राम सब्जियों का उत्पादन हो सकता है।"

फसल उत्पादन के लिए मल्चिंग तकनीक लद्दाख में रक्षा उच्च ऊंचाई अनुसंधान संस्थान (DIHAR), लेह-लद्दाख द्वारा शुरू की गई थी, जिसके तहत अनुशंसित मोटाई की एक यूवी स्थिर ब्लैक मल्च फिल्म खेत पर रखी जाती है और उस पर फसल उत्पादन किया

जाता है। इस सरल तकनीक के साथ, निराई के लिए शारीरिक श्रम की आवश्यकता में कमी आई है, सिंचाई के अंतराल में भी वृद्धि हुई है, और इस प्रकार पारंपरिक पद्धति की तुलना में फसल चक्र में कम सिंचाई की आवश्यकता होती है जहां खेती खुली मिट्टी पर की जाती है। उपोत्पाद के लाभ के रूप में, मल्चिंग से फसलों की उपज में भी वृद्धि होती है। उदाहरण के लिए, गैर-मल्च पद्धति की तुलना में टमाटर की फसल के मामले में उपज दोगुनी होती है। DIHAR द्वारा किसानों के खेत में इस तकनीक के सफल प्रदर्शन के साथ, अब राज्य कृषि विभाग द्वारा स्थानीय किसानों के बीच सब्जी उत्पादन बढ़ाने के लिए रियायती दर पर मल्च फिल्म वितरित की जा रही है।

सेना को स्थानीय रूप से उगाए गए आलू की आपूर्ति की क्षमता को ध्यान में रखते हुए, DIHAR ने लद्दाख के ठंडे रेगिस्तानी क्षेत्र के लिए उपयुक्त "नेट-जीरो एनर्जी बेस्ड आलू स्टोरेज टेक्नोलॉजी" विकसित की है। इस तकनीक में लद्दाख सेक्टर में तैनात सेना को सर्दियों में सात महीने (नवंबर-मई) तक ताजा आलू की आपूर्ति की सुनिश्चित स्थानीय उपलब्धता की क्षमता है। इस तकनीक से सेना पूरे सर्दियों के महीनों के दौरान स्थानीय किसानों से आलू की अपनी मांग स्थानीय स्तर पर खरीद सकती है, जिससे गुणवत्ता से समझौता किए बिना पारंपरिक आपूर्ति श्रृंखला को छोटा किया जा सकता है। एक स्पिन-ऑफ प्रभाव के रूप में लद्दाख के सीमावर्ती क्षेत्र में बड़ी संख्या में स्थानीय रोजगार भी उत्पन्न हो सकते हैं और प्रभावी सीमा प्रबंधन के लिए सेना और स्थानीय लोगों के बीच बेहतर भाईचारा विकसित करने में मदद करेंगे। 2017-18 के सर्दियों के महीनों के दौरान, DIHAR ने मुख्यालय 14 कोर और स्थानीय सहकारी विपणन सोसायटी (CMS) के सहयोग से लद्दाख के 3 डिव कारू सेक्टर में इस तकनीक का सफल प्रदर्शन किया।

आभार: https://www.drdo.gov.in/labs-and-establishments/defence-institute-high-altitude-research-dihar

आभार : https://www.pexels.com/

रवि सातपुते -वैज्ञानिक के

भारत के सभी पक्षों की भौगोलिक सीमाएं हैं, लेकिन पाकिस्तान के अस्तित्व में आने के बाद और चीन द्वारा तिब्बत पर कब्जा करने के बाद, भारत की सीमाएं बाहरी हमलों के लिए कहीं अधिक प्रवृत्त हैं। भारत के पड़ोस में बढ़ते आतंकवाद और बिगड़ते भू-राजनीतिक परिदृश्य ने भारतीय सशस्त्र बलों को देश की सुरक्षा के लिए एक दृढ़ भूमिका निभाने के लिए मजबुत किया हैं।

रक्षा अनुसंधान और विकास संगठन (DRDO) के पास भारतीय सशस्त्र बलों को उन्नत करने और उन्हें विश्व स्तरीय हथियार प्रणालियों से लैस करने का मिशन और विजन है। अपने व्यक्तिगत सुरक्षा उपकरणों को डिजाइन करते समय सैनिक का स्वास्थ्य और आराम हमेशा प्राथमिकता का विषय होता है। एक प्रशिक्षित जनशक्ति राष्ट्र की संपत्ति है, और एक प्रशिक्षित सैनिक राष्ट्र के हाथ में एक हथियार की तरह है। इसलिए, एक राष्ट्र सैनिकों के स्वास्थ्य के मुद्दों पर समझौता नहीं कर सकता है।

भारत के सुरक्षा बल व्यापक जलवायु, भौगोलिक और मनोवैज्ञानिक परिस्थितियों में अपने कर्तव्यों का पालन करते हैं। इसलिए, हर किसी के लिए अपने स्वास्थ्य के दृष्टिकोण को देखना अनिवार्य हो जाता है। सैनिकों की वीरता पर उनके बलिदान की चर्चा तो सभी करते हैं लेकिन अपने कर्तव्यों का पालन करते समय उनके सामने आने वाली समस्याओं पर आमतौर पर किसी का ध्यान नहीं जाता है। कई सैनिक व्यावसायिक उत्पत्ति की कई बीमारियों से पीड़ित हैं, जैसे कि मस्कुलोस्केलेटल विकार, रक्तचाप, त्वचा रोग, जठरांत्र संबंधी रोग, और कभी-कभी यकृत और गुर्दे के विकार, और कभी-कभी कैंसर। दूर-दराज के स्थानों पर सेवा करने वाले सैनिक, अपने परिवार के साथ संचार का कोई साधन नहीं होने पर कभी-कभी मनोवैज्ञानिक रूप से विचलित होते हैं। काम का दबाव और लंबे समय तक काम करने के घंटे इन समस्याओ को और बढ़ा देते हैं।

इन समस्याओ को जनता की भाषा में प्रस्तुत करने के प्रयासों के लिए लेखकों को बधाई दी जानी चाहिए। 'सैनिक और स्वास्थ्य' पुस्तक में लेखकों ने सैनिकों के सामने आने वाली स्वास्थ्य समस्याओं को सटीक रूप से कवर किया है। सशस्त्र बलों द्‌वारा सामना की जाने वाली स्वास्थ्य प्रतिकूलताओं पर चर्चा करना और लोगों को जागरूक करना बहुत महत्वपूर्ण है। पुस्तक सरल स्थानीय भाषा में इन समस्याओ पर उपयुक्त और दिलचस्प चर्चा करती है।

रवि सातपुते -वैज्ञानिक
रक्षा अनुसंधान और विकास संगठन (DRDO)

रवि सातपुते-वैज्ञानिक रक्षा अनुसंधान और विकास संगठन (DRDO)

लेखकों एवं संपादक का परिचय

सचिन नरवडिया - लेखक

श्री सचिन नरवडिया एससी (जैव रसायन), पीजीडीएमएलटी, पीजीजेएमसी

इन्हें अनुसंधान और विकास के व्यापक क्षेत्र में 20+ वर्ष का अनुभव है। इन्होने मेडिकल टेक्नोलॉजी और डायग्नोस्टिक टूल्स, बायोकेमिकल एनालिसिस, प्रेजेंटेशन टूल्स एंड टेक्निक्स, साइंस क्विज मास्टर में कार्य किया हैं । क्विज मास्टर के रूप में इन्होने देश के विभिन्न हिस्सों में कई विज्ञान प्रश्नोत्तरी प्रतियोगिताएं आयोजित कीं। प्रश्नोत्तरी में विज्ञान प्रसार की विज्ञान फिल्मों को बढ़ावा देने के लिए प्रश्नोत्तरी प्रश्नों में विज्ञान फिल्मों की सामग्री को शामिल करके एक नई विधि विकसित इनके द्वारा ही शुरू की गई थी। इन्होने 2012 के दौरान भारतीय से वैज्ञानिक प्रतिनिधिमंडल के हिस्से के रूप में

जापान का भी दौरा किया। इन्होने डीएनए विश्लेषण, अनुभवजन्य दृष्टिकोण, संशोधित राष्ट्रीय क्षय रोग नियंत्रण कार्यक्रम, सुरक्षित जल और स्वास्थ्य कार्यकर्ताओं के लिए जनसांख्यिकी प्रशिक्षण में 6 प्रशिक्षणों में भाग लिया। वर्तमान विज्ञान प्रसार में श्री सचिन नरवडिया , वैज्ञानिक-डी के रूप में कार्यरत हैं और इनके कार्यों में सम्मेलनों, दृश्य-श्रव्य कार्यक्रमों के माध्यम से विज्ञान और वैज्ञानिक जागरूकता को बढ़ावा देना शामिल है।

लेखक के रूप में प्रकाशित पुस्तके टियर ड्राप अ लव स्टोरी , विज्ञान यात्रा - विज्ञान कविताओं का संग्रह, भावनाओं के रंग कविताओं के संग , मेरे बचपन की यादे , वो सात साल , लेट्स एन्जॉय लर्निंग बायोकेमिस्ट्री , लेक्ट्स एन्जॉय बायोकेमिस्ट्री क्विज आदि प्रमुख हैं |

नेहा सुथार -सह लेखिका

नेहा सुथार जीवरसायन शास्त्र में एस पी मेडिकल कॉलेज एंड हॉस्स्नापिटल बीकानेर से सनातकोत्तर हैं तथा कंसलटेंट बायोकेमिस्ट

के रूप में कार्यरत हैं | उनके लेखन से इस पुस्तक में काफी अच्छी जानकारी सुलभ हुई हैं | ये बीकानेर राजस्थान से हैं और अनुसंधान में अग्रणी कार्य कर रहीं हैं |

डा ज्योत्सना सिंग - सह लेखिका

डा ज्योत्सना सिंग

डॉ.ज्योत्सना सिंह, मनोविज्ञान मुंबई में पीएचडी हैं और एक प्रमाणित एनएलपी प्रैक्टिशनर और मेमोरी ट्रेनर भी हैं।

वर्तमान में माइंड केयर रिसर्च सेंटर के साथ मुख्य वैज्ञानिक के रूप में काम कर रहे हैं वेलकेयर कॉलेज ऑफ एजुकेशन (बैंगलोर यूनिवर्सिटी) सलाहकार समिति

.पुस्तकें लिखी गईं

1 गर्भसंस्कार (अजन्मा बच्चा बुद्धिजीवी)

2 कैंसर (मनोदैहिक)

3 माइंड डाइट और ब्रेन जिम (मन ही सब कुछ है)

पुरस्कारः अंतर्राष्ट्रीय सम्मेलन युवा वैज्ञानिक युवा शोधकर्ता पुरस्कार

उत्कृष्ट अनुसंधान पुरस्कार 2020 (आईएआरडीओ)
डीएसटी महिला वैज्ञानिक पुरस्कार

श्री गणेश दत्तू कालघुगे

श्री गणेश दत्तू कालघुगे का जन्म 15 जनवरी 1988 को देविभोयरे, जिला अहमदनगर में हुआ। इन्होंने एम.ए., एम.फिल. (हिंदी) एवं बी.एड. की शिक्षा प्राप्त की हैं। इन्हें मराठी, हिंदी और अंग्रेजी भाषा का ज्ञान है। एक लेखक, संपादक, प्रूफ रीडर, अनुवादक, प्रोडक्शन आदि के द्वारा उन्होंने विज्ञान साहित्य में उल्लेखनीय कार्य किया है। अपनी साहित्यिक यात्रा में साहित्य सृजन करते हुए युद्धरत आम आदमी, अपनी माटी, शिक्षण आणि समाज, संकल्य, दलित दस्तक, संवेद, पंजाब सौरभ, साहित्य सेतु जैसी विभिन्न पत्रिकाओं में अनेक रचनाओं/लेखों का प्रकाशन। 05 राष्ट्रीय संगोष्ठियों में लेख प्रस्तुत, 07 आईएसएसएन पत्रिकाओं में लेख प्रस्तुत, 06 आईएसबीएन पुस्तकों

में लेख प्रस्तुत, 50 से अधिक अंग्रेजी लेखों का हिंदी अनुवाद, 02 वर्षों से 'ड्रीम 2047' द्विभाषी (हिंदी/अंग्रेजी) विज्ञान पत्रिका का प्रोडक्शन, Ring in the Sky: annular solar eclipse (आकाश में वलय: वलयाकार सूर्य ग्रहण) पुस्तक का हिंदी अनुवाद, 07 विज्ञान की हिंदी/मराठी पुस्तकों का प्रोडक्शन, 03 पुस्तकों का भाषा संपादन कार्य किया है। इसी क्रम में लेखन, भाषा संपादन, प्रूफ रीडिंग, प्रोडक्शन, अनुवाद में कार्य कर रहे है।

www.ingramcontent.com/pod-product-compliance
Lightning Source LLC
La Vergne TN
LVHW010814051026
849532LV00007B/2542